上海智库报告
SHANGHAI ZHIKU BAOGAO

打造江南会客厅

佘山国家旅游度假区文旅融合创新实践

孙云龙　吴本　郭旸　胡安安 / 著

上海人民出版社

出 版 说 明

　　智力资源是一个国家、一个民族最宝贵的资源。中国特色新型智库是智力资源的重要聚集地，在坚持和完善中国特色社会主义制度、全面推进中国式现代化过程中具有重要支撑作用。党的十八大以来，习近平总书记高度重视中国特色新型智库建设，多次发表重要讲话、作出重要指示、提出明确要求，强调把中国特色新型智库建设作为一项重大而紧迫的任务切实抓好。在习近平总书记亲自擘画下，中国特色新型智库的顶层设计逐步完善，智库建设迈入高质量发展的新阶段。

　　上海是哲学社会科学研究的学术重镇，也是国内决策咨询研究力量最强的地区之一，在新型智库建设方面一向走在全国前列。近年来，在市委和市政府的正确领导下，全市新型智库坚持"立足上海、服务全国、面向全球"的定位，主动对接中央和市委重大决策需求，积极开展重大战略问题研究，有力服务国家战略，有效助推上海发展。目前，全市拥有上海社会科学院、复旦大学中国研究院等2家国家高端智库建设试点单位，上海全球城市研究院、上海国际问题研究院等16家重点智库和10家重点培育智库，初步形成以国家高端智库为引领，市级重点智库为支撑，其他智库为补充，结构合理、分工明确的新型智库建设布局体系。

　　"上海智库报告"是市社科规划办在统筹推进全市新型智库建设的过程中,集全市之力,共同打造的上海新型智库建设品牌。报告主要来自市社科规划办面向全市公开遴选的优秀智库研究成果,每年推出一辑。入选成果要求紧扣国家战略和市委市政府中心工作,主题鲜明、分析深刻、逻辑严密,具有较高的理论说服力、实践指导作用和决策参考价值。"上海智库报告"既是上海推进新型智库建设的重要举措,也是对全市智库优秀研究成果进行表彰的重要形式,代表上海新型智库研究的最高水平。

　　2023年度"上海智库报告"深入学习贯彻落实党的二十大精神,紧密结合主题教育和十二届市委三次全会精神,聚焦上海强化"四大功能"、深化"五个中心"建设的一系列重大命题,突出强调以落实国家战略为牵引、以服务上海深化高水平改革开放推动高质量发展为基本导向,更加注重报告内容的整体性、战略性和前瞻性,引导全市新型智库为上海继续当好全国改革开放排头兵、创新发展先行者,加快建设具有世界影响力的社会主义现代化国际大都市,奋力谱写中国式现代化的新篇章提供智力支撑。

上海市哲学社会科学规划办公室

2023年9月

目　录

第一章
佘山度假区：江南文化的当代表征

第一节　世界级度假区是中国式现代化的内在
要求

一、世界级度假区是中国式现代化的内在要求

随着世界经济的发展，旅游业已经成为各国经济中不可或缺的重要组成部分。我国旅游业作为世界了解中国的窗口，其作为国民经济战略性支柱产业地位更加巩固。[1]党的二十大报告提出，"以中国式现代化全面推进中华民族伟大复兴"。中国式现代化为中国今后的发展指明了方向，旅游作为满足现代生活方式的重要场景，是推进中国式现代化进程的重要基础和有力支撑。旅游的现代化需要和中国式现代化相结合，人口规模巨大是旅游业可持续发展的前提，意味着要提

---

[1]　央广网:《文旅部:旅游业作为国民经济战略性支柱产业地位更巩固》。

高旅游人群的覆盖度；全体人民共同富裕意味着要升级旅游产品使其与人民的需求相适配；物质文明和精神文明相协调需要将文化和旅游深度融合，开发旅游产品应增加文化附加值；人与自然和谐共生意味着应大力发展绿色旅游、低碳旅游；走和平发展道路意味着在开展国际旅游时应尊重世界文化的多样性，同时也要积极传播源远流长的中华文化。作为一个拥有五千年悠久文化和自然资源极为丰富的国家，我国的旅游资源得到了世界的认可。所以，将中国式旅游现代化的理念融入世界级度假区的建设具有重要的现实意义。

世界级度假区通常拥有丰富的文化内涵、绝佳的自然景观、独特的地理位置，且配备高端的旅游设施和周到的服务，例如巴厘岛、普吉岛、马尔代夫都是以优美的自然风光、奢华的酒店、诱人的美食和多样的娱乐设施，吸引来自世界各地的游客，带动当地旅游业的发展，从而推动经济的增长。

中国式旅游现代化需要扎根中华优秀传统文化，将文化和旅游进行融合，实现以文塑旅、以旅彰文，同时兼容并蓄国外世界级度假区的发展理念和成功经验，以中国特色和中国方式实现旅游的现代化，建设世界级度假区是中国式旅游现代的重要发力点。

二、中国特色是世界级度假区的内在要求

在《上海市"十四五"时期深化世界著名旅游城市建设规划》中，上海将全力实施"旅游高峰"工程，佘山度假区提升工程位列十大类引领性重大项目。"东有浦东迪士尼，西有佘山广富林"，松江依托"上海之根、沪上之巅、浦江之首、花园之城、大学之府"的地域

特色，着力挖掘国家旅游度假区背景下的消费购物创新、区域旅游综合体产业形态创新、旅游交通经济空间串联创新、旅游品牌形象创意与 IP 主题创新、旅游资源活化与旅游演艺文化创新，把佘山度假区建设成为世界著名旅游城市的重要承载区和高品质世界著名旅游城市的重点示范区。

佘山度假区是千万级流量的旅游入口和富有文化底蕴的世界级度假区典范。根据目前的发展现状，上海市民对松江的认知度还是较高的，同时松江旅游市场也在面临新的挑战。松江的旅游品牌形象的确立，必须针对自身资源和特色禀赋建立差异化竞争思路。文化是旅游度假区形成特色的重要组成部分，也是吸引游客到访的持续因素，江南文化是上海城市文化的基本要素，也是松江和佘山的文化特征。对于佘山度假区而言，如何盘活江南文化主题的核心吸引力以及文旅融合的集聚效应，满足游客消费新需求的变化，构建强韧性、开放性、标识度、满意度的世界级旅游度假区，则显得至关重要。

首先，打造绿色生态可持续的度假区。中国式现代化要求物质文明和精神文明相协调，人与自然和谐共生，《"十四五"旅游业发展规划》中提到努力实现旅游业的可持续，所以，旅游现代化要求发展文明旅游、绿色旅游、可持续旅游。佘山以自然资源与宗教胜迹闻名，建设文明绿色可持续的佘山，首要的是加强环境保护，对于重要的景点关注其最大承载量，大力推广低碳旅游，鼓励游客采取环保行为；在可持续发展方面，世界级度假区需要注重环境保护和社会责任，建设生态景点，拓展生态项目。世界级度假区注重开发和利用可再生能源，如太阳能和风能等，来减少能源消耗和减少对环境的影响，此外还应升级佘山旅游业的品质，优化产业结构，增强产业韧性，不断提高竞争力，走高质量发展之路，为游客提供优质的服务和体验，提高吸引力从而推动佘山旅游业的可持续发展。

其次，建设数字化旅游目的地。佘山度假区应着力打造数字化、智能化的旅游目的地，为游客提供高效、舒适的旅游服务。游前阶段建设数字化信息平台，提供佘山景区介绍、门票购买、酒店住宿、美食推荐等旅游信息；游中阶段创新智慧旅游新模式，借力 AR、VR、智能导览、智慧导游等人工智能技术，提升景区的智能化覆盖度，提升游客游览过程中的科技感，从而提高游客的参与度和便捷性；游后阶段加强旅游数据分析，以便更好挖掘游客的偏好，优化旅游服务，精准提升旅游质量。

再次，借鉴国外世界级度假区的成功经验。建设佘山度假区，抱着积极学习的心态，借鉴国外成功的案例是非常有必要的。在市场推广方面，世界级度假区通常利用社交媒体，比如在照片墙（Instagram）、脸书（Facebook）、谷歌（Google）等平台上发布各种美景照片、旅游攻略、游客体验等内容，吸引更多的关注和粉丝。此外，世界级度假区还会通过赞助国际性的体育赛事、音乐节、美食节等活动来提高其知名度；通过设置热力榜排名、参加各种评选活动等来提高其知名度。例如，世界最佳度假酒店榜单、全球最美的海滩榜单等。与此同时，一些世界级度假区还会推广当地文化和风俗传统，鼓励游客尊重当地习俗与文化，并为当地文化传播做出贡献，这些措施可以为佘山度假区的建设提供借鉴。

另外，加强旅游产业链协同发展。佘山世界级度假区需要政府的支持，加大对旅游产业的投入，加强旅游配套设施的建设，包括餐饮、住宿、交通、购物、娱乐设施等，尤其是加强交通体系的建设，全面提高佘山的配套设施，提高服务质量，提升游客的满意度；引导旅游业态多样化，佘山度假区的发展需要多样化的旅游业态支持，实现游客分层，培育多种旅游产品，适配不同游客群体，这样才能满足不同游客的需求和偏好。同时还应该对传统的旅游产品如观光旅游进行改造和升级，多开发拓展生态旅游、研学旅游、康养旅游、医疗旅游等；推动旅游业与相关产业的深度融合，佘山度假区的成功建设需要旅游业与其他相关产业的深度融合。政府应鼓励旅游业与文化、农业、体育、剧场等相关产业开展合作，合力打造佘山特色的旅游产品，从而提升佘山旅游的影响力和竞争力。

最后，构建中国式旅游现代化的机制。中国式旅游现代化机制的构建是旅游业发展的必经之路，也是促进旅游业健康发展的保障。

建立以市场需求为导向的旅游发展机制。旅游业的发展需要以市场需求为导向，根据市场需求进行旅游产品的开发，以契合游客多样的需求。在佘山度假区的建设过程中，应对其旅游资源和市场需求进行充分的调研和分析，从而合理制定符合市场需求的旅游规划与战略。同时，还要建立和完善旅游市场调节机制，采取多种手段促进旅游产业协同发展，实现旅游市场自主调节和规范化管理。

建立旅游业与科技融合机制。中国式旅游现代化机制的构建，需加快"旅游＋科技"的融合。佘山度假区的打造需借力科技，加强对智慧旅游的探索，满足消费者对智能化、信息化、科技化等多方面的需求。具体来说佘山应逐步升级目前酒店、餐饮、景区等设备，加大对科技能力的投入，提升消费者游览全过程中的智能感、科技感。

建立与旅游相关平台的合作机制。在中国式旅游现代化的机制下，佘山度假区建设应与旅游相关机构和旅游链路的上下游建立合作关系，如酒店、旅行社、航空公司、旅游社交平台等，并在马蜂窝、小红书、抖音等相关 App 上分享佘山的旅游体验，利用这些平台宣传佘山产品、景点、特色、游记等，激发消费者游览的需求并与潜在游客建立联系，从而增加佘山度假区的知名度和品牌形象，吸引国内外的游客前来游览。

建立健全法律体系和完善行政管理机制。中国式旅游现代化离不开法律和行政管理的完善，佘山度假区建设过程中，应确保旅游业的合法权益，健全旅游业在投资、管理、运营方面的法律法规。进一步优化行政管理机制，进一步明确政府职能，发挥市场调节机制，使得政府和旅游市场紧密结合，保障旅游市场的有序和稳健发展。

总之，佘山度假区的构建，需要中国式现代化机制的保障。旅游现代化应秉承绿色发展可持续、科技赋能、借鉴国际发展度假区的经验、加强旅游与其他产业协同的理念，建设一系列机制体系，以需求为导向，加深旅游与科技融合发展，加强旅游与相关平台的合作，健全旅游行业的法律法规，完善行政管理方式，推动旅游业蓬勃发展。

三、世界级度假区的基本特征

建设世界级旅游度假区是一个国家或地区提升旅游发展实力、扩大国际市场影响的战略选择。[1] 目前，中国旅游产业发展正处于转

---

[1]　熊海峰、林馥涵：《文化引领世界级旅游度假区建设的路径思考——以崂山风景区为例》，《人文天下》2020 年第 18 期。

型升级的关键时期，旅游产品由观光型产品逐步向休闲度假和体验型产品过渡。[1] 在这一背景下，建设世界级旅游度假区对推动旅游业高质量发展、带动整个地区的经济发展具有重大意义。

　　建设世界级旅游度假区，不仅需要得天独厚的自然禀赋，还需要舒适完善且兼具个性化的配套服务设施等。总结来看，世界级的旅游度假区通常具有六大鲜明的特征。

（一）得天独厚的自然禀赋

　　建设世界级度假区，往往需要当地具有得天独厚的自然禀赋。水天一色的海滨风光，万壑千岩的层层山脉等优越的自然基底，构成了风景瑰丽的自然环境，孕育出一个个令人心驰神往的旅游目的地。例如瑞士阿尔卑斯山脉的滑雪运动度假区、马尔代夫闻名世界的海岛旅游、四季如春的云南西双版纳等。独特丰富的自然资源为旅游地的建设发展提供了良好的条件，也为建设世界级旅游度假区奠定了坚实的基础。

（二）高端优质的休闲设施

　　为游客提供人本化、国际化、特色化的优质体验是世界级旅游度假区的重要特征。对于世界级旅游度假区而言，应着力聚焦中产阶级的度假需求和新型生活方式，给予这一目标客群优质体验，提供高端优质的休闲设施，如高尔夫球场、私人泳池、SPA、顶级餐饮服务

---

[1]　杨振之、李枫：《度假旅游发展与区域旅游业的转型升级——第十五届全国区域旅游开
　　　发学术研讨会暨度假旅游论坛综述》，《旅游学刊》2010 年第 12 期。

等。如迪士尼通过精细化的管理、高品质的休闲度假设施以及周到的服务让游客获得便捷、愉快、独特的度假体验。

（三）舒适多样的住宿选择

旅游度假活动中，"食、住、行、游、购、娱"缺一不可。其中，住宿体验更是深刻地影响了游客的度假体验。因此，世界级旅游度假区往往能为不同的游客群体提供多样化的、舒适优越的住宿选择。例如豪华、舒适的客房、套房、别墅、私人公寓等，从而满足不同客群的住宿需求，提升旅游度假区的接待能力和影响力。

（四）个性特色的当地文化

到新西兰皇后镇，人们会想要冲浪、潜水、海钓、游珊瑚礁、看大白鲨；到日本北海道，人们会想到赏富士山、看樱花、品尝北陆特产和海鲜；到瑞士处女峰，人们会想要观雪景、住小木屋、滑雪运动；到泰国，人们想要游泳、沙滩日光浴、喝椰子汁……纵观全球著名度假区，都已经形成深入人心的特色"名片"，具有显著的差异化优势，而这种差异化优势就深深地植根于当地原生的独一无二的文化习俗中。因此，世界级的旅游度假区应该在当地文化中进一步凸显比较优势，凝聚核心竞争力、品牌力，塑造出一张面向世界的名片。

（五）丰富多样的旅游产品

建设世界级旅游度假区，要通过丰富休闲度假、文化旅游、民俗艺术、娱乐表演、疗养保健等产业形态，构建出相互补充、立体互动、符合多元需求的复合产品体系，形成持续的造血功能。[1]通过不断丰富旅游度假产品供给，引导游客新需求、拉动游客新消费、促进旅游度假产业新增长。例如新加坡的圣淘沙岛，就是以文化为核心，打造丰富多样的旅游产品，形成集主题乐园、热带度假村、自然公园和文化中心于一体的复合产品体系。有珊瑚馆、艺术村、海事博物馆、军械馆、西罗索古堡、受降厅、蜡人馆、红树林自然保护区等休闲好去处，被全世界的游客视为新加坡旅游娱乐业的一颗璀璨明珠。

（六）可持续的高质量发展模式

俗话说："种下梧桐树，引得凤凰来。"对于世界级的旅游度假区来说，只有妥善处理好旅游产业与生态自然、周边社区当地居民的关系，才能更好地组织周边资源，形成产业生态。以生态进化进一步提升平台和空间的价值与吸引力。具体可采取举措例如：在自然环境的保护方面，降低碳排放、推广可再生能源和使用可持续材料、尽量提供当地应季果蔬食材等；在人文环境的可持续方面，可以在旅游开发过程中让当地居民参与共享度假区的开发建设。

第二节　江南会客厅是构建新发展格局的功能场域

"江南好，风景旧曾谙。日出江花红胜火，春来江水绿如蓝。能

---

[1]　熊海峰、林馥涵：《文化引领世界级旅游度假区建设的路径思考——以崂山风景区为例》，《人文天下》2020年第18期。

不忆江南？"白居易脍炙人口的传世名作《忆江南》浓墨重彩地描绘了中国传统文化中的江南情结。江南，自古以来就是人文荟萃、富庶繁华的鱼米之乡，历史文化遗产灿若繁星，生态自然环境美如画卷。打造江南会客厅是新时代赋予的新使命，依托水乡古镇古村、名人故居、文化遗产和民间工艺等资源，串珠成链，发扬崇文向善的文化特征，融合现代元素，因地制宜推进文商农体旅融合发展，淋漓尽致地体现江南韵味，建设以江南文化为内涵的世界级旅游目的地和度假区。松江被誉为"上海之根、沪上之巅、浦江之首"。黄浦江发源于松江境内泖港镇，九峰十二山是上海地势最高山脉，层峦叠嶂。松江古称华亭，秦代建镇，唐天宝年间置华亭县，元代升为华亭府，辖7县1厅；明清时松江府成为全国纺织业中心，江南著名的鱼米之乡，民间流传着"衣被天下"和"苏松税赋半天下"的美谈。就历史脉络而言，松江是当之无愧的古代上海的中心，拥有丰富的江南文化资源和鲜明的地方文化特色。

松江有着从崧泽文明时期延续到唐宋元明清的丰富遗存，境内有崧泽文明时期的广富林古文化遗址，是上海境内最早的文明印记。松江的人文记忆和历史保护与传承，已逐渐成为松江文化旅游城市品牌建设的重要内容。松江区立足传承城市历史文脉、响应城市转型升级、营造城市空间归属感，建成一批具有较高水准的文化设施，逐步形成"一轴四圈五区"的城市文化空间新格局。

"一轴"指的是一条衔接古今的历史文脉轴，即海上寻根广富林、浦江烟渚春申堂、中华"二陆"读书台、董其昌书画艺术博物馆、程十发艺术馆和人文松江活动中心。人文松江活动中心，坐落于有着浓厚历史底蕴的松江老城区，由云间艺术会堂、云间剧院、文化馆新馆和图书馆新馆组成，为市民提供参观艺术展览、观看文艺演出、参与群文活动和借阅图书等一站式公共文化服务。

"四圈"，即以广富林文化遗址公园为主体的根文化圈、以方塔园和区博物馆为主体的府城文化圈、以中山街道为主体的文商旅融合的商务文化圈、以松江南部新城科技影都为主体的影视文化圈，以点带面，辐射带动周边区域整体发展和文化内涵提升。

"五区"，即统筹推进永丰仓城、泗泾下塘、中华"二陆"读书台、华阳老街、米市渡等五个历史文化区域建设。

上海之于江南，松江之于上海，佘山之于松江，重要性显而易见，佘山度假区是当之无愧的江南会客厅首选地。

一、长三角综合性节点城市的枢纽效应

《松江新城"十四五"规划建设行动方案》中提出，到 2025 年，基本建成"产城融合、职住平衡、生态宜居、交通便利"长三角综合性节点城市。作为上海西南门户，松江立足长三角重要节点城市的区位优势，把握长三角一体化发展和长江经济带发展新格局的重大机遇，以佘山度假区为依托，积极参与上海国际消费城市建设，加快实现与虹桥商务区、国家会展中心、上海迪士尼度假区等全市重大功能性项目错位联动。依托松江丰富的文旅资源，积极吸引外来消费，促进关联产业发展方面的溢出效应。有利于推动松江区打造成为对接大虹桥、对接国家会展中心的配套服务区域和功能延伸区域，成为与迪士尼东西联动的国际旅游目的地，成为上海建设国际消费城市的重要功能承载区域。

二、文旅发展反哺新城建设的创新模式

《松江新城"十四五"规划建设行动方案》中指出，松江新城增创"一廊一轴两核"的空间发展优势，科技创新和制度创新共同驱动松江制造迈向松江创造，带动松江新城高质量跨越式发展。松江目前已经成功建设为全国文明城区、国家全域旅游示范区、国家农业绿色发展先行区。高品质宜居宜业和公共服务配套是松江新城持续发展的基础保障，广富林文化遗址、泰晤士小镇、松江大学城、新城中央绿地等人文景观载体，为松江文旅和居民休闲提升幸福指数。度假区应积极融入松江新城建设工作，把握松江新城的规划建设和城市节点契机，完善都市旅游功能空间，系统性谋划文旅资源的有效配置，布局拥有持续带动力的旅游项目，增强佘山度假区辐射作用，利用文化旅游节事活动，建设科创人文生态的全域旅游和文旅融合的创新发展，打造松江新城的旅游新节点。依托"远看绿水青山，近看人文天地"新城特质，形成山城连景、水陆联动、主客共享、全域发展的大旅游空间格局，以高质量旅游发展、高品质旅游生活、高水平旅游交流、高效能旅游治理为发展导向，服务国家战略，赋能城市发展。

三、经济双循环战略的必要环节

近年来，"五个中心"和"五型经济"建设使得上海作为国际化大都市，基本具有全球资源配置功能、科技创新策源功能、高端产业引领功能、开放枢纽门户功能，城市能级和核心竞争力得以提升，大体具备了成为国内大循环的中心节点，和国内国际双循环的战略链接

的能力，在不少硬实力指标上已居于全球城市前列。从整体性推进软硬实力建设的战略要求出发，松江需要在"硬要素"（工业、制造业、城市空间等）上叠加"软要素"（文化、旅游、创意、品牌、体验等），努力实现"1+1>2"的综合效应，把经济、科技、产业、基础设施等"硬实力"优势加快转化为制度、品牌、服务等软实力优势，借助文旅产业的综合交叉和融合性强的特征，充分发挥佘山度假区的资源优势和平台优势，持续提升人才、治理模式、创新生态上的"软价值"，为松江"硬实力"的增强集聚要素、激发潜力、巩固优势。

四、美好生活需求的重要载体

党的十九大报告指出，我国社会主要矛盾已经转化为人民日益增长的美好生活需要和不平衡不充分的发展之间的矛盾。新时代是人民美好生活需要日益广泛的时代，更是我们党带领人民不断创造美好生活、逐步实现全体人民共同富裕的时代。疫情常态化背景下，国内旅游需求开始转向高品质休闲和个性化度假的新方向，松江拥有雄厚的产业基础和社会支撑，在"五个新城"中最有条件为美好生活需求提供高品质的休闲度假产品，持续打响"上海之根、人文松江"旅游品牌，面向长三角乃至全国，打造国际品质郊野度假基地；面向全上海，打造自然文化深度体验基地；面向松江区，打造开放多元日常休闲基地，实施跨周期的布局，特别是聚焦高能级旅游度假区的投资和建设，努力让松江成为自然生态复合示范地、人文资源沉浸荟萃地、市民休憩多样自选地、旅游产业全态集聚地和城市魅力综合展示地和美好生活深度体验地。

五、上海城市软实力的彰显手段

《中共上海市委关于厚植城市精神彰显城市品格全面提升上海城市软实力的意见》指出，以海纳百川的胸怀推进中外文化交流交融，营造开放包容的文化环境，集聚世界一流的文创企业、文化机构、领军人才，打造更高水准的文化地标集群、更高人气的文化交流舞台、更高能级的文化交易平台，提升世界著名旅游城市和全球著名体育城市的影响力、吸引力，建设近悦远来的国际"文化会客厅"和"旅游首选地"。松江素有"上海之根"的美誉和得天独厚的文化软实力，应立足科创、人文、生态价值取向，以广富林文化遗址和历史文化风貌区为依托，打造一批"江南文化"特色鲜明，内含价值丰富，识别度、感知度高，具有国际水平的文旅项目，赋予"江南文化"新的时代内涵和现代表现形式，延续城市文脉，讲好松江故事，树立"上海之根"文化标杆，与 G60 科创走廊同频共振，在创造性转化和创新性发展中焕发"江南文化"新的生命力，讲好松江故事，进一步提升"上海之根"的标识度、美誉度和国际影响力。

六、"人民城市"理念的落实举措

拓展"人民城市人民建，人民城市为人民"重要理念的旅游实践，充分发挥旅游大民生、大产业、大展示的功能，突出佘山度假区都市型、国际化和综合性的特点，丰富具有国际风范、彰显上海元素、突出松江特色的旅游产品内涵，以佘山度假区高质量发展助力推进松江全域旅游和文旅融合发展，塑造富有魅力的人文之城；践行

"两山"理念，建造令人向往的生态之城；增进人民福祉，创造更高品质的幸福之城；传承中华优秀传统文化，构筑人民乐享美好生活的宜居之城。

第三节　佘山度假区是彰显江南文化的重要载体

江南，首先是一个地理范畴，所指称的地域范围在历史上多有变迁。在先秦时期，江南主要指的是长江中游以南的地区，涉及湖北南部和湖南全部。汉代的江南覆盖领域更加广泛，包括今天的江西、安徽和江苏南部。唐朝贞观元年，唐太宗分天下为十道，其中的江南道完全处于长江以南，自湖南西部向东延伸至海，涵盖湖南、湖北、苏南地区、上海、浙江、安徽、江西、福建等地。宋朝改道为路，增加包括江西全境与皖南部分地区。清朝顺治二年，将明朝的南直隶改为江南省，辖区包括江苏、上海、安徽三省市。尽管在历史上，江南的地理范围多有变迁，但是总的趋势还是不断向东南沿海地区发展，近代以来，江南多指镇江以东的江苏南部及浙江北部地区，有时仅指太湖流域。

对应于上述地理概念的变迁，江南地区在中国的经济地位也有很大变化。先秦时期，江南属于欠发达地区，"江南卑湿，丈夫早夭"。西晋末年的"永嘉之乱"，导致中原人口大量南迁，极大地促进了江南的发展。江南的繁荣富庶始于唐代，诗词歌赋中多有记录，至两宋时期，江南已经成为富足的鱼米之乡，当时就有"苏湖熟，天下足"

的说法。明代以后，江南地区的经济发展已经走到了全国的前列，仅太湖流域的苏、松、常、嘉、湖五府的税收之和便占全国的五分之一，其中，苏州府占全国税收的十分之一。

江南不仅是地理和经济概念，更是一个文化概念。在独特的地理气候影响下，江南地区形成了以稻作和商业为主导的经济系统，经历千百年的积淀和传承，逐渐形成了独具特色的江南文化，历久弥新，大致体现为如下特征：

（一）经世致用、理性务实。江南文化继承了儒家精神的经世致用传统，倡导"知行合一"，注重实效，推崇实学，既重视传承古典文化，又注重开拓创新。上述文化特征在王阳明和顾炎武的思想体系中一以贯之。

（二）平和友善、开放包容。江南作为中国的富庶之地，长期以来都是人们追求向往的家园，历次战乱推动了大量移民迁入，逐渐形成了平和友善、开放包容的社会文化。

（三）精益求精、尊崇秩序。高度发达的商业文化孕育了江南文化中的精益求精和专业内敛，不浮夸、守诚信，遵守商业交易规则，崇尚契约精神。

（四）清逸洒脱、刚柔并济。钟灵毓秀的自然环境成就了江南文化的清逸洒脱、刚柔并济，孕育了不胜枚举的才子佳人和不朽诗篇。钱穆在《国史大纲》中总结道："东晋南渡，长江流域遂正式代表传统的中国。"

江南文化孕育了上海文化，同样，上海文化也发展了江南文化。作为港埠城市、移民城市和商业城市，上海在开放包容、理性务实、尊崇秩序、大气谦和等方面，与江南文化是一脉相承的；但在孕育出先进阶级、先进政党和先进思想之后，上海文化还绽放出了勇担先锋、勇立潮头的精神内涵，红色文化成为江南文化在马克思主义引领下的新发展成就，由此，上海也成为江南地区走向现代的排头兵，在物质生活、政治意识和社会心态等方面为江南文化的现代化提供了全面的引领和保障。

回顾历史，我们可以清晰地看到，江南文化是一种基于商业文化、移民文化和城市文化的地域文化，其精神实质在当代社会中仍旧保持着良好的社会基础和生命力，其具体内涵也在新的历史阶段有所开拓和发展。2007 年，中共上海市第九次党代会上提出上海城市精神为：海纳百川、追求卓越、开明睿智、大气谦和。从历史发展的角度来看，上述城市精神正是江南文化在当今时代的新表征和新体现。以江南文化为内涵，打造世界级旅游度假区，无论对于传统文化传承发扬，还是对于培养文化创意产业、激活创新型服务消费而言，都是至关重要的。

首先，借力长三角一体化发展战略的推进，系统探索佘山度假区与长三角一体化、科创走廊、新型城镇化融合发展的新路径与新模式，重视 1 小时高铁圈内城市群间的联动发展，更多促进跨区域旅游合作，打造景城景乡一体、主客共享的全域旅游发展新格局。佘山度假区应充分利用地处长三角核心城市的优质区位，以及拥有上海市唯一的山地资源和被誉为"上海之根"的广富林文化的比较优势，探索国家度假区高质量发展的路径，在吸引国际游客、商务会展游客等方面下大功夫，力争成为全国旅游度假区的建设典范。

其次，在上海建设世界著名旅游城市战略中找准佘山的定位。上海作为我国改革开放的排头兵、创新发展的先行者，在国家发展中一直承担着重要的战略使命，代表着国家的水平和形象。佘山度假区作为全国第一批 12 个国家旅游度假区之一以及目前唯一的直辖市属国家级旅游度假区，理当率先进行国家级度假区高质量发展新模式、新路径和新策略的探索，在"人文生态"定位之外，突出"城市中的绿洲"之特征，将商务与度假密切结合；同时，争取多方寻求突破口，例如在上海积极争取国家出台支持市内免税店开放政策的时机，探索"首店"落户佘山度假区的可能性。

从自然资源方面来说，佘山度假区有得天独厚的自然优势，是上海市内绝无仅有的山林风景区。该度假区位于山水环绕之中，以东西佘山、天马山、凤凰山、小昆山等共计 12 座风景秀丽的自然山系为核心，周边还辅以新建的月湖雕像公园、辰山植物园及欢乐谷等旅游度假景点和场所，形成了旅游休闲度假圈。佘山度假区现已开发建设的著名景点有十多处，其中，佘山国家森林公园、天马山公园、小昆山公园等自然生态公园拥有良好的自然植被，风光旖旎秀美。而且，佘山风景区与朱家角淀山湖风景区相邻，度假区内水网纵横，具有江南水乡的特色风情。佘山风景区还有 3 个"最"——佘山海拔高度为 99 米，是上海陆上最高点；佘山天文台是我国最早的现代意义上的天文台；佘山天主教堂被称为"远东第一大教堂"，享誉中外。

从文化资源方面来说，千年上海，一座佘山。佘山拥有深厚的人文积淀，承载着上海几千年的历史，承续着时代久远的人文漫长时光，酝酿出了众不同的文化氛围。早在良渚文化时期佘山就有人类活动。自 600 年前文人墨客纷纷筑居佘山以来，这一座山就在秀美的自然景观之外不断积淀自己的人文魅力。度假区内拥有北竿山遗址、钟贾山遗址、小机山遗址等五处古文化遗址，此外还拥有诸多文物古迹如二陆草堂等，具有深厚的考古价值。佘山的繁盛时期，各山均有历代文人命名的"十景""八景"，名园别墅、亭榭楼阁星罗棋布。至于寺院道观更是遍布诸山，楼阁殿舍多达 1048 间，可见当时佛事之繁盛，徐霞客也曾五度到此游览。除此之外，佘山地区汇集了天主教、基督教、伊斯兰教、佛教和道教多种宗教。度假区内有许多宗教的产物，例如西佘山上建有被誉为"远东第一大教堂"的佘山天主教堂，每年 5 月的朝圣日都有信徒到山上朝圣；天马山自古就是佛教圣地，拥有护珠宝光塔、观音铜像；东佘山上洗心泉，泉名就源自佛教"无我"说。

从配套设施方面来说，佘山度假区拥有实用且便利的游览和中转设施。度假区的主要出入口设置在嘉松南路西侧。在度假园区内，一条游览性轻轨线与佘天昆公路构成了区域内的主要游览途径。如今，佘天昆公路已成为区域内主要游览干道，游客可以通过区域内部的公共交通前往各主要景区。此外，度假区内还设有一条自行车专用道，穿行于各山体河道之间，充满野趣，这不仅是积极保护环境、建设环境的体现，也是整个度假区的一大特色。除了酒店、餐厅等常规配套设施外，度假区还建起了高尔夫球场、欢乐谷主题游乐园、国际会议中心和佘山影视基地，以及度假区别墅区等众多高档生活配套设施和休闲旅游设施。这些度假区旅游设施不仅能为大众游客提供最舒适的住宿和游玩环境，同样也吸引了许多企业将商务会议和度假活动的地点选在了佘山度假区。此外，近几年松江区还陆续投入 10 亿元用于改善度假区内的道路、通讯、环境卫生等方面，建设层次停车场及消防设施，提高了佘山度假区的整体服务设施水平。

第二章
佘山度假区的实践探索

第一节　佘山度假区概况简述

佘山度假区位于上海市松江区的西北部，于 1995 年正式设立，为国务院在 1992—1995 年间批准建设的 12 个国家旅游度假区之一，也是唯一坐落在直辖市的国家旅游度假区。依据国务院批复，度假区范围总用地面积 64.08 平方公里，覆盖松江区"三镇一街一区"部分区域：东至方松公路（现嘉松公路），南至旗天公路（原规划道路），西至 5120 国道（现 A30 高速公路），北至泗陈公路及区界。核心区（东、西佘山及周边区域）位于度假区的东北部：东至嘉松公路，南至沈砖公路，北至泗陈公路及外青松公路，西至辰山塘及佘北公路，面积约 10.88 平方公里，按照早期规划进行重点先期开发。目前，度假区共有旅游骨干企业 26 家，4A 级旅游景点 5 家，参照五星级标准建设的酒店 6 家，基本形成了以佘山国家森林公园、辰山植物园、欢乐谷与玛雅水公园、月湖雕塑公园、广富林文化遗址、广富林郊野公园、佘山世茂洲际酒店等为核心载体的全域旅游发展空间格局。2020年12月，佘山度假区被文化和旅游部认定为国家级旅游度假区，2021年11月，佘山度假区被国家体育总局和文旅部认定为国家体育旅游示范基地，为上海市唯一入选单位。

佘山度假区内的人文旅游资源主要有国家重点文物保护单位2处，分别为广富林遗址、佘山天文台；市级文物保护地点2处，分别为平原村、辰山古文化遗址；市级文物保护单位5处，分别为夏氏父子墓、陈子龙墓、护珠塔、佘山天主教堂、秀道者塔；区级文物保护单位2处。

经过27年的持续发展，尤其是近10年来的快速发展，佘山度假区的整体品牌形象已经基本形成，其"人文生态"的旅游目的地形象也得到了市场的认知，尤其是在上海范围内已经形成了稳定的客源市场。2021年度假区共接待游客1237.1万人次，同比增加47.95%，实现旅游收入16.3亿元，同比增加41.15%，实缴税金0.95亿元，同比增长47.61%，基本恢复至疫情暴发前的水平。

《上海市"十四五"时期深化世界著名旅游城市建设规划》中明确提出："松江新城依托长三角G60科创走廊，发展文创旅游、影视传媒等特色业态，加大佘山国家旅游度假区辐射带动作用，举办'上海之根'文化旅游节，建设科创人文生态全域旅游示范区、国家全域旅游标杆区和国家文旅融合创新发展示范区。"上海市"十四五""旅游高峰"工程要求："进一步提升佘山国家旅游度假区综合旅游枢纽地位，以建设新时代国家旅游度假区的全国样板为目标，进一步增强以佘山森林公园、广富林文化遗址为核心的佘山国家旅游度假区旅游发展功能，完善旅游专项配套服务和公共服务设施，打造文化旅游、康养旅游、商务旅游和研学旅游等高品质产品。推动广富林郊野公园提升项目、二陆读书台等建设。拓展休闲体验，推动打造华亭十里水上旅游项目。"在新发展阶段，无论松江区还是佘山度假区都面临着新形势和新任务，以体制机制创新激发改革效能释放，对于完成"十四五"目标、实现高质量发展具有至关重要的作用。

佘山度假区是国务院第一批正式批准建设的国家旅游度假区，赋存上海市唯一的山地资源和被誉为"上海之根"的广富林文化，是上海市打造人文之城、生态之城的核心支撑，也是上海全面建成世界著名旅游城市的重要功能区之一。佘山度假区是松江文旅产业发展核心力量，也是实施上海旅游倍增发展计划和高峰建设工程的重要承载地之一，借助其品牌效应和产业联动效应，将充分调动松江各类文化和旅游资源，对松江建设"科创之城、人文之城、生态之城、幸福之城"带来持续深远影响。佘山度假区的高质量发展路径探索与实践，也将为全国旅游度假区实现高品质发展提供生动的示范，进一步弥补上海市满足更高层次需求和人民对美好生活向往的中高端产品和服务供给短缺，增强创新引领力、区域辐射力和国际竞争力，助力上海市世界著名旅游城市的建设。

一、总体规划

根据《佘山国家旅游度假区总体规划（2018—2035）》，佘山度假区发展定位明确面向长三角乃至全国，打造国际品质郊野度假基地；面向全上海，打造自然文化深度体验基地；面向松江区，打造开放多元日常休闲基地。建设自然生态复合示范地、人文资源沉浸荟萃地、市民休憩多样自选地、旅游产业全态集聚地、城市魅力综合展示地。

在《上海佘山国家旅游度假区暨松江全域旅游发展实施意见》中，发展目标设定为：把上海佘山国家旅游度假区建设成为体现上海水平的自然生态示范地、人文资源荟萃地、市民休憩首选地、旅游产业集聚地、城市魅力展示地，成为国家级旅游度假区发展新标杆。把旅游业打造成为推动松江全面崛起的战略性支柱产业之一；把松江区建设成为"远看青山绿水、近看人文天地"的旅游目的地，成为上海全面建成世界著名旅游城市的重要功能区、长三角地区知名旅游休闲城区，成为国家旅游度假区引领的国家全域旅游创新示范区。

佘山度假区总规划面积约 64.08 平方公里，其中规划集建区用地面积约 27.95 平方公里。规划范围内，城镇建设用地面积总计约 31.4 平方公里，旅游度假用地总面积约 4.9 平方公里，分别占总规划用地面积的 49%、7.6%。佘山度假区内涉及一级生态保护红线 159.7 公顷，主要包括佘山、天马山、钟贾山、横山山体范围。通过"红线"式管理与控制，避免城市规模的盲目扩张，促进土地集约节约用地，保护城市重要生态资源，维护生态安全格局，促进城市向生态良性循环、环境宜居优美的可持续生态系统演变。

形成"两轴一区"的总体结构。

"两轴"：自然景观功能轴、人文活动功能轴。自然景观功能轴串联佘山、辰山、天马山、横山、小昆山等各主要山体。人文活动功能轴联系体现地方文化特色的区域，如佘山历史人文区、广富林遗址区、天马古镇风情区等。

"一区"：指旅游资源最富集、最品质、最有代表性的旅游度假区核心功能区。

图 2-1　佘山国家旅游度假区土地利用规划图

资料来源：《佘山国家旅游度假区总体规划（2018—2035）》。

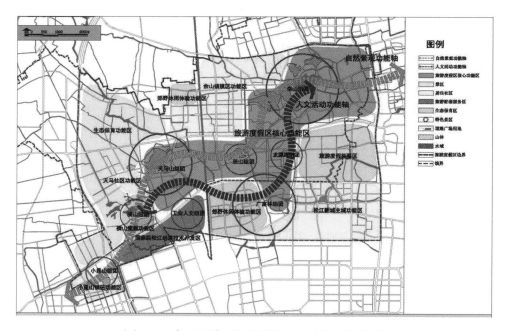

图 2-2　佘山国家旅游度假区空间规划结构图

资料来源：《佘山国家旅游度假区总体规划（2018—2035）》。

规划形成 5 个城镇功能区、4 个旅游度假拓展功能区和 1 个生态保育功能区。

规划形成 3 个类别 7 大景区组团，结合现有旅游资源优势，挖掘独特的历史、文化、景观特色，结合两条主要轴线功能主题，差别定位，功能互补，形成组团竞争合力。

综合组团：其中，佘山组团聚焦欢畅游乐体验，天马山组团聚焦传统古镇休闲，广富林组团聚焦古代遗址游览。

自然景观组团：其中，辰山组团聚焦植物赏玩体验，横山组团聚焦品质体育休闲。

人文活动组团：其中，小昆山组团聚焦山林十景观光，松江经济技术开发区组团聚焦工业人文展示，龙源路组团聚焦创意体验休闲。

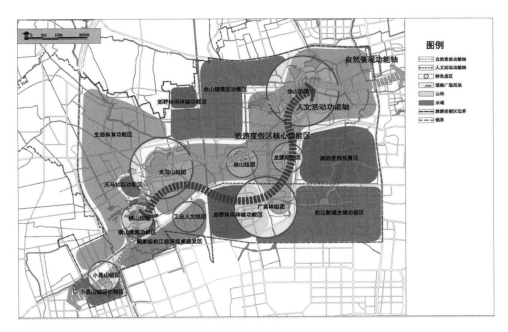

图 2-3　佘山国家旅游度假区景区组团分布图

资料来源：《佘山国家旅游度假区总体规划（2018—2035）》。

二、发展历程

经过 27 年的发展和完善，佘山度假区取得了亮丽的成绩，正逐步成为上海市民新型生活方式的承载地，已形成一些拳头产品及精品旅游线路，成功创建"全国都市生态旅游产业知名品牌示范区""中国体育旅游十佳精品目的地""上海市五星体育旅游休闲基地"等重要品牌。如何抓住上海"十四五"时期深化世界著名旅游城市建设契机，共享"五个新城"文旅建设带动效应，实现与上海国际旅游度假区的互为促进、协同发展，成为亟待深入探讨的重大问题。

回顾佘山度假区的发展历程，可以发现，量的累积与质的提升是佘山国家旅游度假区今天成就的关键。总结其发展历程，可将其归纳为三个阶段：开发建设阶段、全域旅游发展阶段、能级提升阶段。这三个阶段的发展反映了佘山国家旅游度假区成长特征：自然资源的禀赋是其形成的基础；政府主导、市场推动是其发展的主要模式；要素的成长是推动其集聚型旅游业态发展的重要途径。

（一）开发建设阶段（1995—2014 年）

改革开放前，中国旅游业的主要社会职能是外事接待。改革开放后，旅游业实现了产业性质的转变，成为了经济型产业。1978 年上海成立游览事业管理局后，上海市旅游业开始步入发展的正轨。1992年，为进一步推动旅游业的发展，国务院开始试办国家旅游度假区。上海市积极抓住机遇，申报横沙岛为国家旅游度假区并获得了批准。但由于横沙岛与市区间交通不够完善，发展度假区旅游的基础条件不够完备等原因，上海市政府在1994年提出易地到松江佘山建设国家级旅游度假区的请示，并于1995年获得批准。至此，佘山国家旅游度假区正式成立。

1995年11月，上海市人民政府成立佘山国家旅游度假区管理委员会，1996年5月，上海市人民政府批准佘山国家旅游度假区总体发展规划，确立度假区定位于"回归自然、休闲度假"，以自然山林为依托，以度假休闲和现代娱乐设施为重点，高起点、高质量地建设融休闲度假、旅游观光、宗教朝圣、科普教育等功能为一体的综合性旅游度假区。自此，度假区开启了快速建设的序幕，至"十二五"末，度假区拥有星级饭店4家，其中五星级2家，可为过夜游客提供1500张床位；拥有旅游景区（点）8个，其中国家4A旅游景区（点）4家；拥有高标准国际高尔夫俱乐部2家；拥有国际赛车场1家。2015年佘山度假区各景区点接待游客736万人次，同比增长10.6%；实现旅游直接收入9.95亿元，同比增长8.6%。[1]

在这一阶段，佘山度假区的发展逐渐得到重视，发展规划趋向科学化、专业化。基础设施及配套服务设施是旅游业发展的重要保障，因此，政府不断加大基础设施建设力度，以确保佘山度假区的发展。除了旅游交通设施的建设，度假区还进行了全面环境整治，加强对区域内的绿化、净化工作，并对水、电、排污、燃气管道等基础配套设施进行修建和改造，以保障度假区旅游业发展的基础条件。同时，为提高区域旅游质量水平，佘山度假区关闭了一批低层次、低收益的娱乐设施，建设了一批有形象、有规模、能够创造收益的旅游项

---

[1]　http://www.sheshantravel.gov.cn/news/index/id/1738.

目，如佘山高尔夫球场和人工湖月湖等。佘山度假区成立后不久就设立了佘山国家旅游度假区管理委员会，同时成立了佘山国家旅游度假区开发建设公司，涵盖了整个度假区的管理监督、组织运营、招商引资等工作。管理运营机构逐步踏上正轨，保证了度假区运营的正常秩序。

　　经过二十年的开发建设，佘山度假区已基本形成一定的产业规模、较为完整的产品结构、相对完善的服务功能，具有竞争力的现代旅游产业体系初现端倪。佘山旅游"四大品牌"已初步形成，即以欢乐谷—月湖雕塑公园—玛雅海滩水公园为核心的休闲娱乐旅游品牌，以佘山国家森林公园为核心的生态与人文旅游品牌，以辰山植物园为核心的科普研学品牌，以佘山高尔夫俱乐部—天马乡村俱乐部—天马赛车场为核心的休闲运动旅游品牌。与此同时，世茂佘山艾美酒店、东方佘山索菲特大酒店、佘山森林宾馆、大众国际会议中心等特色旅游饭店的品牌竞争力不断加强。以主题旅游景区（点）集聚为龙头，特色酒店集群为优势，时尚运动场馆为补充的区域旅游产业集聚效应正逐渐显现，商、旅、文、体、农产业联动效应加强，已逐渐成为长三角地区休闲度假旅游的功能性聚集地。

（二）全域旅游发展阶段（2015—2020 年）

　　"十三五"期间，佘山度假区坚持贯彻"绿水青山就是金山银山"的理念，依托度假区独有的山水自然资源、深厚的人文历史底蕴、丰富的休闲旅游产品，不断增强旅游市场主体，拓展旅游市场，提高旅游服务质量，充分发挥作为松江全域旅游核心增长极的功能，实现了以绿水青山为底色的"美丽经济"快速发展。在此期间，度假区全面完成重大旅游功能性项目的提升改造工作，新建了佘山游客综合服务中心，完善了度假区智慧旅游系统，有效提升了度假区的服务功能。至 2020 年末，度假区共有旅游骨干企业 26 家，4A 级旅游景点 4 个，已开业和在建中的五星级酒店 6 个，基本形成了以佘山国家森林公园、辰山植物园、欢乐谷与玛雅水公园、月湖雕塑公园、广富林文化遗址、广富林郊野公园、佘山世茂洲际酒店等为核心载体的全域旅游发展空间格局。

在这一阶段，佘山度假区的集聚型旅游业态有了进一步发展，主要得益于三个方面的时代背景：首先，基础条件已基本成熟。经过前面二十年的发展，佘山度假区已经基本具备了快速发展的基础条件。其次，市场需求不断增长和变化。一方面，中国市场旅游需求急剧增长；另一方面，旅游需求也向着多样化方向发展，从传统单一的观光旅游需求转变成包括观光、休闲、度假和康体等多种旅游需求共存的局面。最后，供给市场的调整。一方面，市场需求的增长和变化带动了供给市场的变化，形成多元化供给的局面；另一方面，旅游市场的成熟有利于培育新的经营运作模式。

在这种背景下，政府对度假区的主题定位越来越清晰，逐渐明确了佘山度假区的功能目标定位，即"要素多元、功能复合的大都市环城游憩区"和"以休闲度假为核心功能的综合性现代服务业集聚区"。度假区的功能性项目培育成为佘山度假区集聚型旅游业态结构和内容丰富的重要基础。尤其是辰山植物园和天马现代服务业集聚区的建设，对合理布局旅游资源、拓展旅游业功能有重要意义。但同样需要看到，佘山度假区集聚型旅游业态的创建不能一蹴而就，在未来的发展过程中，如何进一步发挥度假区的集聚效应、形成旅游集群网络，是度假区面临的重要时代课题。

（三）能级提升阶段（2021—2025 年）

2021 年是"十四五"开局之年，也是佘山度假区勇立新目标、实现新发展的新起点。依据国务院颁布的《"十四五"旅游业发展规划》、上海市政府发布的《上海市"十四五"时期深化世界著名旅游城市建设规划》和松江区的《佘山国家旅游度假区"十四五"发展规划》，课题组结合其他相关规划文件，将佘山度假区的"十四五"发展目标及任务归纳如下：

指导思想：高举中国特色社会主义伟大旗帜，全面贯彻党的十九大和十九届历次全会精神，坚持以习近平新时代中国特色社会主义思想为指导，坚持稳中求进工作总基调，以推动旅游业高质量发展为主题，以深化旅游业供给侧结构性改革为主线，注重需求侧管理，以改革创新为根本动力，以满足人民日益增长的美好生活需要为根本目的，主动融入和服务上海城市发展新空间，推动旅游数字化转型，提升度假区旅游能级和核心竞争力，以城旅一体、主客共享构建全域旅游发展"高原"，以引领性重大项目、名片性重大活动、功能性重大平台构筑旅游发展"高峰"，以全力增加旅游总收入实现旅游贡献"倍增"，全面提升度假区旅游供给品质，在高品质世界著名旅游城市建设中培育新动能、新优势，打造主客共享的世界级旅游休闲度假区与全国示范性国家旅游度假区，积极助力松江全域旅游示范区建设与上海世界著名旅游城市建设。

发展目标：到 2025 年，度假区发展水平和游客体验不断提升，形成以旅游为核心，以文化、体育、户外、游学、亲子、养生、医疗等周边产业为外延的旅游大消费体验新生态，通过多功能联动和多种旅游度假要素融合带动消费业态的转型和升级，国际影响力、竞争力明显增强，文化和旅游深度融合，充分发挥度假区的溢出与带动效应，按照上海旅游"倍增计划"和"高峰行动"总要求，实现产业能级倍增、项目投资倍增、功能优势倍增、土地效益倍增和服务效能倍增，加速推动度假区游客从"打卡点"到"落脚点"的转变，打造高流量旅游产业核心承载区和综合赋能全市文旅发展的"辐射源"，建设成为全国示范性国家旅游度假区，在服务上海经济社会发展、满足人民文化需求、增强人民精神力量、促进社会文明程度提升等方面作用更加凸显。

第二节　佘山度假区的特色亮点

佘山度假区依托得天独厚的山地资源和广富林文化遗址，集旅游、休闲和度假于一体，是一个形态多样、规模宏大的旅游景区。作为国家第一批正式批准建设的国家级旅游度假区之一，它是上海市的骄傲，也是上海市打造人文之城、生态之城的核心支撑，是全面建成世界著名旅游城市的重要功能区。

佘山度假区的迅速发展，确立了佘山地区作为上海最大旅游度假基地的职能。目前区内已形成集游乐、观光、会务、休闲、度假、居住等多项功能为一体的综合型旅游度假区，吸引了国内外大量游客前来观光游览。

"回归自然、休闲度假"是佘山度假区的功能定位。作为上海都市旅游的重要组成部分，度假区是上海都市旅游全面持续发展的关键之一。这里拥有上海唯一的国家级景区，融合了山林、湖泊等多种自然资源，为繁华的大上海和长三角周边城市的游客提供了一个理想的度假休闲场所。在这里，可以摆脱城市喧嚣，与自然和谐共处。度假区提供丰富多彩的旅游活动，满足游客的各种需求，在身心放松的同时，也能领略到独特的文化内涵。

佘山度假区的业态几经调整，逐渐展现出中国式现代化综合旅游景区的独特魅力。它已从单一的观光型旅游发展转变为以度假休闲为主要功能的综合型旅游度假区。度假区的业态涵盖了从主题游乐到康体休闲的各个层面，为游客提供了全方位的旅游体验。随着度假区旅游业态的日益完善，度假区的休闲功能也日益突出和强化。在这里，可以尽情享受自然风光、人文景观和各种娱乐活动带来的乐趣，同时还可以得到放松身心的机会。佘山度假区的全面发展，已经成为上海旅游业不可或缺的一部分，为游客提供了一个理想的旅游度假胜地。

自 2020 年新冠疫情暴发以来，人们更倾向于本地休闲生活，佘山度假区在此背景下开发了一系列独具特色的核心旅游产品和精品旅游线路。这些产品与度假区特色旅游资源相结合，如古上海文化寻根游、佘山登高游、辰山植物园科普教育游和体育赛事游等，受到游客的热烈欢迎。此外，还有针对不同市场的旅游产品，如度假区多家酒店推出的"景点＋酒店"亲子游、乡村银发养生游和青少年研学游等，满足不同旅游需求。这些产品的成功推出，不仅为度假区整体形象输出做出了重要贡献，而且成功创建了一些备受瞩目的品牌。

佘山度假区以其独有的自然山林资源脱颖而出。这些资源包括佘山国家森林公园、辰山植物园等自然生态景区，以及全国重点文物保护单位广富林文化遗址等历史文化景点。此外，度假区还拥有多个主题公园，如上海欢乐谷和世茂精灵之城，以及康体休闲场所，如佘山国际高尔夫球场和天马赛车场。这些景点自然与人文相融合，提供了丰富的观光和游乐体验，品类多样，层次丰富。具体包括以下五个方面：

一、山林旅游资源的创造性转化

佘山度假区以其在上海独有的陆地山林资源而闻名，九座山峰自南向北连绵起伏，构成上海地区"九峰十二山"的壮美景观，自古以来便是备受推崇的著名风景区。这里汇聚了中西文化的精髓，自然与人文相融合，以山为主、以水为辅，展现了古今交融的迷人魅力。无论是喜欢登山探险还是欣赏自然风光，佘山都能提供令人难以忘怀的游览体验。

佘山度假区主要的山林旅游资源如下：

佘山国家森林公园。佘山国家森林公园占地面积401公顷，是上海4A级旅游景区之一，更被誉为"全国生态文化教育基地"和"最具影响力森林公园"。自1993年成立以来，佘山国家森林公园已逐渐发展成为一个集游览、休闲、度假为一体的大型公园，其中东佘山园、西佘山园、天马山园、小昆山园等多个景区已建成并对游客免费开放。东佘山园自2008年开始免费开放，西佘山园也于2010年对外免费开放，成为上海市民休闲度假的最佳去处。佘山国家森林公园是佘山度假区内最珍贵的自然资源之一，是上海市最大的城市森林公园之一，展示了上海市独特的绿化魅力。在森林公园，游客们可以享受到清新的空气、绿色的植被和独特的自然风光，是一个绝佳的自然休闲胜地。公园内蕴含了大量的树木和植被，覆盖率更是达到了95%，是上海市的"绿肺"之一。此外，该公园还拥有全国文明森林公园、全国森林防火先进单位、全国生态文化教育基地、全国绿化先进集体和中国最具影响力森林公园等荣誉称号，其自然美景和独特的生态文化备受国内外游客赞誉。位于森林公园的佘山天文台是中国近代天文学的重要发源地，是中国第一座拥有天文望远镜和天文台圆顶的现代化天文台，对当代中国天文学研究具有里程碑意义。同样位于森林公园的佘山天主教堂作为远东地区天主教朝圣的中心，被誉为"远东第一大教堂"，具备重要的历史和文化价值。

辰山植物园。辰山植物园除了植物展示外，也是中国与世界植物科研交流的重要平台，是上海向世界展示科技、文化的重要窗口。辰山植物园以"植物与健康"为主题，是中国植物科研和科普教育的实践基地，设立了众多科普教育项目，包括植物科普讲座、植物观察课程、植物园导览等，让游客能够更深入地了解植物和自然。此外，植物园内还有许多休闲设施，如步行道、湖泊、儿童游乐区等，适合游客进行休闲娱乐和亲子活动。植物园内种植了珍稀濒危植物、药用植物和各种观赏植物，呈现出多样化的植物景观。不同的植物区域根据植物生长的气候特点进行分布，为游客呈现出一幅精美绝伦的世界植物画卷。辰山植物园不仅仅是一座植物展示园，更是一扇展示中华文化、推广科技知识的窗口。

二、体育运动场所的创新性发展

以因地制宜的态度，将自然融入设计之中，佘山度假区崇尚人与自然融合的健康理念，积极拓展体育健身场所。

佘山度假区主要的体育运动场所有：

上海佘山国际高尔夫球场。上海佘山国际高尔夫球场被誉为上海地区唯一的森林丘陵型生态高尔夫球场。球场总占地面积 2200 亩，设计规划非常注重保护原生植被，使球场充满了自然生态的味道。作为中国高尔夫界知名的球场之一，佘山国际高尔夫球场吸引着来自国内外的高尔夫球迷前来参赛与游览。球场是一座背山面水的森林丘陵型球场，地形起伏较大，环境复杂又不失优雅，堪称是完美的天然高尔夫场地。球场毗邻月湖雕塑公园和佘山欢乐谷，内部拥有千年银杏树、栈木桥、采石场遗址等自然人文景观。球场设计风格独特，融合了东方文化和西方设计，造型别致的球道、优质养护的草皮、体现难度的沙坑和水池障碍，吸引了来自世界各地的高尔夫高手前来挑战。在职业选手眼中，佘山国际高尔夫球场是最能全方位享受到高尔夫魅力的球场之一。此外，佘山国际高尔夫球场周围环境优美，被绿树成荫的林荫道和湖泊环绕。球场周边建有山间别墅和高档酒店，为高尔夫球爱好者提供了高品质的配套设施与服务，形成了一个"高尔夫球"概念的度假空间，吸引着众多追求高品质生活的游客前来体验。

上海天马赛车场。上海天马赛车场拥有全长 2.063 公里共 14 个弯道的赛道，是长三角地区仅有的两家专业赛车场之一。自 2004 年 9 月正式投入运营以来，这里已经成为了广大赛车爱好者们热爱的地方。赛车场以其卓越的赛车场地和完美的设施，为广大车迷和赛车手们提供了一个绝佳的赛车体验场所。作为佘山度假区的重要组成部分，上海天马赛车场以其丰富的汽车和摩托车文化，极大地丰富了松江旅游文化的内涵。赛车场以汽车为主题，为佘山度假区提供了参与型、主题型、大众型、新颖的汽车旅游项目，提升了区域整体的文化品位和吸引力。同时，上海天马赛车场周边的旅游和会务资源也为度假区服务功能提供了坚实的支持。目前，上海天马赛车场已成为华东地区最受欢迎的试车、练车、玩车与赛车中心，吸引众多赛车手和车迷前来体验，成为追逐速度、挑战极限的绝佳去处。

三、特色住宿设施的巧夺天工

佘山地区环绕着壮美的山峰、湖泊和葱郁的森林，景色秀丽宜人，吸引着无数游客前来观光和休闲度假。为了满足旅客的精致品位，佘山地区建有多家豪华酒店，提供极致的住宿和服务体验，让人倍感舒适和惬意。

佘山度假区是集旅游、休闲、商务于一体的综合性度假胜地，已经建成了多家档次不同、类型丰富的酒店住宿设施，能够满足游客们度假休闲、商务会议、演出接待等各类需求。这些酒店包括多个国际知名品牌酒店，如佘山世茂洲际深坑酒店、佘山索菲特大酒店、佘山茂御臻品之选酒店等，还有欢乐谷嘉途酒店、兰笋山庄、佘山森林宾馆等老牌中端特色酒店，以及凯迪赫菲庄园、松浦度假村等度假别墅群，为旅游市场提供了充足的选择。

这其中，全球海拔最低的佘山世贸洲际深坑酒店由废弃采石场改造而成，倚重生态、利用生态、建设生态，是世界上首个建设于坑内的五星级酒店，被誉为"地质坑五星酒店"。深坑酒店的建造本身就是一项挑战性极高的工程，酒店坐落于一座80多米深的矿坑内，周围环绕着峻峭的岩石壁。为了创造这一世界建筑奇迹，工程团队需要"反着来"和"逆向操作"，克服一道道建筑领域的"超纲题"。在经历12年的创新建设过程后，这座"挂"在坑壁上的五星级酒店终于在2018年完美地呈现在了世人眼前，彰显出人类的勇气和智慧，也是旅游领域中国式现代化的最佳体现。佘山世贸洲际深坑酒店不仅创造了全球人工海拔最低的五星级酒店世界纪录，同时也展示了一种独特的建筑理念，即反向天空发展。该建筑借助周边自然环境，以向地表以下开拓建筑空间的创新行为，彰显了人类建筑设计的巨大潜力。酒店占地面积约5.6万平方米，建筑物高达19层，拥有400间客房。客房内装修典雅精致，配置了高端家具和先进设施，为客人营造出舒适便捷的居住环境。此外，酒店还拥有多间高质量餐厅和酒吧，提供中西美食和各种口味的佳肴，满足客人挑剔的味蕾需求。酒店顶部两层特别设计为空中花园，而底部两层则打造成水下世界，独具特色。酒店所有客房均设置了走廊和阳台，犹如"空中花园"，可近距离欣赏对面百米高空飞瀑和壮美横山景致。这种巧妙的设计不仅为酒店客人带来别样的体验，也为整个城市增添了一道靓丽的风景线。2019年，深坑酒店和迪拜的帆船酒店一起被誉为"世界奇观酒店"，成为全世界游客最希望体验的豪华酒店。

上海佘山茂御臻品之选酒店，曾冠名为世茂佘山艾美酒店，坐落于佘山度假区的核心区域，于2005年开业。作为佘山度假区的第一家五星级酒店，该酒店最早由享誉全球的国际品牌喜达屋集团管理公司打造，后由万豪国际集团管理，为宾客提供无微不至的服务和卓越的入住体验。酒店周围风景如画，自然环境优美，是一个休闲度假的理想场所。无论是商务旅客还是度假者，都能在酒店中尽情放松，享受舒适的住宿和独特的旅游体验。酒店坐落于佘山旅游度假区的核心区域，环绕四周的是优美的月湖雕塑公园和著名的佘山高尔夫球场，交通便利，风景宜人，地理位置绝佳。作为度假区的高品质代表，佘山茂御臻品之选酒店以其出色的服务和舒适的住宿环境，吸引了众多国内外旅客的关注，为佘山度假区的发展做出了重要贡献。

四、主题公园与特色小镇的独具匠心

佘山地处优越，拥有广阔的土地和宜人的气候条件，因此成为众多主题公园、特色小镇的选址之地。以游玩为核心特色的主题公园和以购物体验为核心的特色小镇，既丰富了佘山旅游度假区的服务业态，又融合了房地产行业的联动开发，为旅游业的发展注入了新的活力，不仅为市民和游客提供了一个宜居宜游的全新环境，更创造了人与自然环境和谐共存的典范。

举例来说，上海欢乐谷是坐落于佘山度假区核心区，占地 90 万平方米、投资 40 亿元的综合型主题公园。作为华侨城旗下四大欢乐谷之一，其规模、景色和科技含量都处于全国领先地位。自 2019 年开业以来，上海欢乐谷在丰富游客体验、提升游乐设施、推出创新项目等方面不断创新，汇集了各种刺激、有趣的游乐设施，满足了不同年龄段游客的需求，同时还有精彩的演艺表演、游行、花车等活动，以及丰富的美食和购物体验被誉为"中国迪士尼"，成为佘山度假区的亮点项目和旅游者心中的必去之地。

五、会议节事服务的别出心裁

凭借舒适的自然风光，佘山度假区成为众多高端商务会议的首选场所。度假区集会议、度假等多功能于一身，构建了一条绿色会议旅游走廊，让商务游客流连忘返。此外，佘山还是众多文化节庆举办的推广地，以园区各景区为依托，举办多项崇尚人与自然融合的新兴旅游活动，精心策划各类文化节庆和赛事活动，贴近市民生活，满足游客需求，广受好评与认可。

度假区的商务会议职能以佘山国际会议中心为代表，该会议中心坐落于佘山风景区内，是集会议、展览、宴会、娱乐为一体的高端会议中心。会议中心占地面积达21万平方米，内设有各类规模的会议厅和展示厅，同时提供商务中心、餐厅、咖啡厅、健身房等现代化设施。其中，大型会议厅面积高达3800平方米，可容纳2000人，提供多种语言翻译、音响、投影、视频会议等现代化会议设备，适合举办各种类型的国际会议和展览活动。佘山国际会议中心周围环境优美，参会人士可以在会议间隙尽情欣赏自然美景，进行身心放松和休闲活动，有利于提升参会者的精神状态和工作效率。无论是举办重要的商务会议、庆典，还是其他类型的展出活动，佘山国际会议中心都是绝佳的选择。

在节事服务方面，自2002年举办首届兰笋文化节以来，佘山度假区已连续举办16届。每年的3月底至4月初，兰笋文化节历时十天，以丰富多彩的旅游活动为核心，如采挖竹笋、踏青等，吸引着众多国内外游客前来观赏、参与。除兰笋文化节外，佘山度假区还提供了丰富的文化旅游活动，不仅有佘山森林旅游节、汇丰高尔夫冠军赛、天马论驾赛车节、辰山草地音乐节、佘山国际半程马拉松、佘山航空嘉年华等各领域知名节庆活动与体育赛事，还成为松江区"春季问山""夏季拜水""秋季寻根""冬季祈福"四季旅游文化主题活动的主力场所。近年来，度假区已经成为了集文化、旅游、体育为一体的重要旅游目的地，极大地丰富了游客的旅游体验，品牌影响力日益扩大，游客人数不断攀升，产业类型和商家数量也在逐年增长。

第三节　当前的挑战与任务

一、当前的主要挑战

对照"十四五"期间的新形势和新任务，佘山度假区的发展还存在一些问题，主要体现为以下方面：

一是发展格局尚未打开，项目主要集中于核心区 10.88 平方公里，其中的消费业态和服务功能尚不完备，度假区内游客属性具有明显"外地游客比例低、过夜率低、国际化水平低"的"三低"特征，亟待引入建设具有引领性、时尚性和标杆性的文旅综合体项目；

二是整体品牌影响力与辐射力不够，对高端消费游客的吸引力不足，品牌认知度和影响力仅限于长三角地区，缺乏国际影响力；

　　三是资源整合与配置能力不足，度假区内文旅资源丰富，产业要素齐备，但缺乏"点—线—面"之间的串联与整合，尚未形成产业链条完整的生态圈；

　　四是管理体制机制有待进一步完善，治理水平有待进一步提升，一定程度上存在着"上大下小""有领域无领地"的问题，管委会办公室在协调联动和落实执行方面缺乏支撑，推进乏力。

二、新时代赋予佘山度假区的新任务

　　基于国家、上海市和松江区"十四五"规划，展望2035年，佘山度假区供给品质好、区域协调化、成果共享化特征更加明显，综合功能全面发挥，整体实力和竞争力大幅提升，打造具有国际吸引力的"必游""必看""必够"旅游消费场景，不断完善旅游公共服务体系与服务标准，持续提升佘山度假区的品牌影响力与游客美誉度，真正建设成为富有"江南文化"底蕴的世界级旅游度假区和国际旅游交流窗口。

（一）主要指标

　　（1）贡献度：游客接待量达到1500万人次，旅游营业收入达到18.65亿元，过夜游客量达到76万人次，过夜游客中外省市游客比例达到1/3以上；

　　（2）活跃度：旅游投资项目数累计10个，A级景区数字化率100%，度假区骨干企业数量35个；

　　（3）开放度：国际旅游活动数量累计20次；

（4）标识度：世界级旅游度假区 1 个，旅游休闲街区 2 个，5A
景区 1 个；

（5）满意度：旅游信息咨询服务点在度假区各景区（点）宾馆覆
盖率 100%，旅游消费满意度 90% 以上。

（二）重点任务

（1）提升度假区功能，完善旅游专项配套服务和公共服务设施，
依托长三角 G60 科创走廊，发展文创旅游、影视传媒等特色业态，
加大佘山度假区辐射带动作用，举办"上海之根"文化旅游节，建设
科创人文生态全域旅游示范区、国家全域旅游标杆区和国家文旅融合
创新发展示范区；

（2）打造数字化旅游度假区，培育一批智慧旅游创新企业和重点
项目，开发数字化体验产品，发展沉浸式互动体验、虚拟展示、智慧
导览等新型旅游服务，推进以"互联网＋"为代表的旅游场景化建设；

（3）推动度假区旅游大数据系统建设，推动与旅游技术重点实验
室和技术创新中心的合作，创建国家旅游科技示范园区，全面提升旅
游科技创新能力，形成上下游共建的创新生态；

（4）充分考虑游客和当地居民的旅游休闲需要，推进绿道、骑行
道、游憩道、郊野公园等建设，提升游客体验，为城乡居民"微度
假""微旅游"创造条件；

（5）以度假区及重大度假项目为基础，充分结合文化遗产、主题
娱乐、精品演艺、商务会展、城市休闲、体育运动、生态旅游、乡村
旅游、医养康养等，打造核心度假产品和精品演艺项目，发展特色文
创产品和旅游商品，丰富夜间文化旅游产品，烘托整体文化景观和浓

郁度假氛围，培育世界级旅游度假区；

（6）推动研学实践活动发展，创建研学资源丰富、课程体系健全、活动特色鲜明、安全措施完善的研学实践活动基地，为中小学生有组织研学实践活动提供必要保障及支持；

（7）开展多种形式的低空旅游，强化安全监管，推动通用航空旅游示范工程和航空飞行营地建设；

（8）做强做优做大骨干旅游企业，稳步推进战略性并购重组和规模化、品牌化、网络化经营，培育一批大型旅游集团和有国际影响力的旅游企业。大力支持中小微旅游企业特色发展、创新发展和专业发展，营造公平竞争环境；

（9）整合政府部门、企业、院校、行业组织等资源，完善旅游人才培养、引进、使用体系，吸引国际一流旅游专家开展学术交流和合作研究，为佘山、上海乃至全国提供专业咨询服务；

（10）各地区要将旅游业发展纳入重要议事日程，把方向、谋大局、定政策、促改革，形成党委领导、政府推动、部门协同、全社会参与、广大人民群众共享的大旅游发展格局。国家建立旅游工作协调机制，加强对全国旅游业发展的综合协调，完善文化和旅游融合发展体制机制。宣传部门发挥好指导协调作用，文化和旅游部门加强对旅游业发展的统筹规划，完善有关政策法规，推动重大项目实施，牵头开展督查。落实用地、财政、区域、税收、金融、投资、人才等支持政策。各相关部门根据职责分工支持旅游业发展，形成发展合力。

第三章
以产业融合培育新文旅新消费

第一节　现代产业体系的理论逻辑

一、现代产业体系的定义

构建世界级度假区需要有完善的产业体系和充足的产业动力。产业体系是指按照生产的客观要求，将分布在不同时间、不同空间上的产业生产要素，按一定的数量比例、质量控制、空间区位、时间序列等进行组合联结而成的产业效能系统。产业体系是由不同属性和不同层次的关联产业组成的，产业状态和产业功能会伴随产业体系的不断发展而演变，从本质上说，产业体系是一种具有内生动力机制的开放式复杂动态系统。

现代产业体系的内涵已经突破了传统的产业分类，强调重点从生产要素投入角度出发，产业体系需要依托实体经济、科技创新、金融系统、人力资源等协同发展。随着我国产业内外环境的发展变化，现代产业体系的建设目标也在不断发生变化，初期侧重工业化与信息化的产业融合，中期阶段侧重产业的产出能力，后来开始侧重三次产业之间的构成关系。目前国家发展现代产业体系，需要构建协同发展的产业系统，强调系统观念原则，以系统思维和方法加速推进创新引领、协同发展的现代产业体系建设，实现实体经济结构和供需关系动态平衡。系统性思维和系统方法论，强调要素协同和层次结构的动态逻辑，取代传统的静态平衡和线性渐变的思维。

产业体系是为实现产业发展目标、履行产业管理职能、保持产业平稳有序、发挥产业经济功能的管理系统，包含管理主体对产业经济活动进行有目标的自主调控过程。产业体系演化的组织动力如果是来自系统外部，被称为他组织动力。如果是来自系统内部的合作与竞争动力，则被称为自组织动力。自组织是系统在不受外界直接干预的条件下，组织内部要素之间进行的演化进程。系统的自组织特征表现为在开放的状态下系统内部各因素的自发性演化，最终实现无序向有序结构的演变。他组织是系统要素在外界特定条件干预下进行的演化进程。系统的他组织特征则表现为系统依赖外部力量实现有序演化，并非自行创生演化和自行组织。现代产业体系建设需要协同发展的整体战略，实体经济的发展是经济的着力点，配合需求端和供给端的结构性改革，推动经济生产要素资源向科技、金融、人才、文化等产业经济体集聚。发挥政府的宏观调节和规制作用，引导市场的自组织机制正确地配置经济资源，实现供需关系的高水平动态平衡。

自组织和他组织之间存在着必然的相互联系。在系统的发展初期不稳定状态时，他组织会对自组织的形成演化产生重要作用。当系统处于稳定状态时，自组织会进一步发挥运行效率实现资源的优化配置过程。同时，系统的开放性又决定了系统在实现自组织之后，内部的子系统与整个系统之间依然存在着组织控制作用，同时受到外部环境的影响制约。因此，自组织和他组织在一定条件下还会实现相互的转化作用，组织的开放性决定自组织必然会受到外部的影响和约束，从而在短期内具备他组织的动力特征。而从长期来看，社会系统的最终演化是自组织动力的目标特征。自组织动力和他组织动力共同实现产业系统内不同产业层次、各类生产要素之间的正负反馈机制，沿着自发路径向稳态目标进行动态演化。产业动态系统自身关联的时间变量和空间变量是产业动力系统的来源，根据系统原理，自组织与他组织的结合效应优于单一自组织或他组织效应。因此，来自外部的产业政策和政府规制的他组织动力，以及来自市场机制的价格机制、竞争机制、合作博弈等自组织动力，共同合力会更好地发挥市场在资源配置中的决定性作用，同时也会更好地发挥政府调控机制的推动保障作用。

二、现代产业体系的特征

从宏观视角而言，产业体系是一种管理系统，同时也是一种动力系统。产业体系的建设发展过程本质上是管理动力系统的演变过程，是动力系统与管理系统相结合的动态过程。具体分别表现在要素资源、结构关系、演化路径、管理规制等方面的发展内容。提升产业动力依赖提升产品与服务品质，发展新兴技术和新型模式，增加智能化产品与服务的生产供给，依托数字化、信息化、智慧化、平台化等技术方式解决供求信息的不充分对称问题，形成产业发展与市场需求互动的系统反馈机制。

在要素资源方面，经济体系中产业系统处于顶端的层次，中端为企业组织和资本构成的层次，基础端是技术、资本、劳动等生产要素的微观层次。生产要素的培育是产业系统协同发展的基本内容。生产要素建设的重点是要素的质量、活力、结构、广度、深度、配置效率。创新动力是现代产业体系发展格局的重要内容，从系统科学的视角出发，持续的产业创新必须依靠创新动力引领产业发展，实现新兴产业发展和传统产业的改造提升。创新引领型产业经济发展的基础是产业核心技术，产业发展的核心技术依靠自主创新。现代产业体系的建构包含产业体系子系统和要素组合之间的层次序列结构，表现为产业体系层次的创新性。

在结构关系方面，产业系统是一种整体结构体系，合理的结构能够增加产业体系的有序发展和战略构建，促进产业体系发挥整体功效。产业体系的结构关系受到系统稳定或不稳定因素的变化影响，会引起产业体系性质的改变和空间分布的稳定性。系统结构理论的观点强调组合重构、打破僵化结构、优化结构功能，构建稳固合理、渠道通畅、开放活力、高效有序的产业体系有机结构关系。一方面，产业体系的结构优化，主要通过创新动力来促发产业结构合理化和协同发展。产业体系中的空间布局结构，是产业体系生产力的有序分布和有效组合，产业体系演进的路径规律决定产业系统发展演变中的时间结构和空间结构。开放的产业体系结构引发系统内部和外部的协调互动和合作竞争动力。另一方面，系统结构建设还需要做到激活系统结构关系中的组合效应和协同效应，完善创新实体、科技动力、金融动力、人才动力协同发展的产业系统。强化金融工具支持科技创新的扶持政策，推进产业发展与从业者人力资本提升的良性协同，消除制约要素自由流动的制度障碍，优化产业要素的配置效率，完善经济要素与实体经济之间的发展机制。保持产业体系要素之间的动态适应性、数量均衡性、时间有序性、空间集聚性，在不同的条件下保持产业系统内部组织状态的动态平衡。

在演化路径方面，产业系统建设的模式分为两种思路。第一，通过促进劳动力、资本、土地、技术等生产要素的持续积累，产业系统完成局部的不断优化，最终实现稳态的功能优化和过渡演进。第二，通过技术创新和管理创新等因素的持续变化，产业系统的经济要素资源完成积累过程。产业体系内部变量产生非线性的变化，造成产业系统原有稳定的时空结构状态发生突变，从而演化为层次水平和功能质量更加优化的稳态，实现产业系统的整体演化。渐变式演进和突变式演进是产业系统结构升级、功能提升、突破创新的重要路径。在结构稳定的区域，产业系统演化主要表现为渐变。在结构稳定的边界且处于结构不稳定的临界区域，产业系统演化主要表现为突变。外部的宏观调控和规制管理，会激发科技自主创新动力因素，成为产业系统突变演化的重要变量，推动产业系统从原有稳态向新稳态演进转型。重视产业前沿理论和关键技术的研发应用，发挥创新平台对产业转型的关键作用，保障企业家精神和企业创新主体的经济地位，鼓励培育核心技术的创新突破，激发创新、金融、人才、技术资源要素的活力，有助于实现临界区域转型演化的壁垒，触发产业系统突变演化的稳态方向。

在管理规制方面，产业系统的制度机制是由政府机构、行业协会、社会组织等管理主体实施的。综合性管理政策措施，具体包括产业体系建设发展的直接或间接的管理规制、产业技术结构和产业布局的管理政策，金融信息和经济环境的配套管理政策，以及产业扶持和产业调整的战略管理政策。系统观念强调全局谋划、战略布局、整体推进，需要统筹国内市场和国外市场的要素资源和安全发展，实现产业发展的速度质量、规模结构、效率效益。产业系统的管理规制首先表现在预期管理控制，预期管理目标需要与产业系统的演化规律相容。现代产业系统的本质是利用产业体系的自组织动力实现他组织主体的管理目标的过程。他组织主体即政府或行业组织主体，通过产业政策、产业规制、产业管理等调控措施实现产业系统的结构优化、质量提升、高效发展、有序演进的目标式管理。产业系统的管理规制还体现在实践中的分阶段管理控制，评估各阶段的目标任务的合理程度和完成状态，并根据发展变化及时调整具体管理手段，通过在管理控制阶段分别实施不同的管理策略，以达成阶段性管理目标任务，最终实现总体战略目标。系统动力学的逻辑法则决定产业系统的建设内容最重要的是激活系统的动力机制。运用要素资源效率优势形成市场动力和生产活力，破除行政限制和垄断障碍，培育要素资源的流动性和内生活力，坚持经济效率和激励创新的政策导向，利用市场的选择机制，维护公平竞争、平等开放的市场秩序，推进有效市场与有为政府的有机结合。

第二节　推动文旅融合的产业基础

文化产业和旅游产业具有融合推进的正向收敛动态惯性。其中，消费需求动力、技术创新动力、政府规制动力，是文化和旅游产业融合的重要推动力量。在上海这种市场化程度发达的地区，这种融合动力更加显著。因此，强化文化和旅游产业的消费需求驱动效能、产业链跨界技术创新效应，动态演进中的政府规制作用就显得格外重要。

目前学术界重点研究了文化产业和旅游产业融合动力的两项表现内容。首先，融合动力的因素主要包含市场需求、利润最大化的内在动力要素，以及技术创新、制度支持的外在动力要素。其次，融合动力的机制具体包括竞争机制、创新机制的内在动力机制，以及市场调节机制、政府调控机制的外在动力机制。文化产业与旅游产业融合动力影响效应的量化测度，主要可以从需求驱动、技术带动、政府推动的层次维度，推演文化产业与旅游产业融合动力的理论逻辑。

首先，消费需求的驱动动力作用。文化产业与旅游产业现在已经成为我国产业发展体系中的战略性支柱产业，文化消费需求结构和旅游需求内容逐步展现出个性化和细分化的市场趋势，文化企业和旅游企业的产品设计和生产链条也进入供给侧改革的过程。产业价值链理论表明，多元化消费结构和消费层次的变化动力，会促使企业的产业价值链模块产生拆分和解构，并通过测量价值活动的流量和流向进行拼接或重构，从而形成产业的融合发展的混合型价值链。文化与旅游产业融合在供给侧生产改革和需求侧消费市场潜力挖掘的过程中表现出许多新型的供求关系。

其次，技术创新的带动动力作用。融合动力的理论逻辑表明，技术创新会打破文化产业与旅游产业之间的技术边界，从而形成产业融合的技术动力。技术创新对文化产业与旅游产业产生融合动力作用主要通过两种路径：一方面，技术创新能够带动替代性或互补性的关键技术融入文化与旅游产业，改变既有的产业边界的内在特性，使原有产业链的功能交织渗透，并融合生成具备产业包容特性的新型业态。另一方面，技术创新能够改变文化产业和旅游产业提供的原有产品或服务的惯常过程，从而改变产品或服务的生产函数和价值函数，通过生产可能性曲线的最优状态和生产要素的重新优化配置，实现产业的融合发展过程中的规模经济和范围经济效果。

最后，政府规制的推动动力作用。政府的制度规范和宏观调控政策能够提供有利于文化产业与旅游产业融合发展的外部环境。政府的规制推动动力主要包含以下影响机制的理论逻辑。政府制定明确文化产业和旅游产业的战略性支柱性产业地位的宏观政策，实施维护市场竞争秩序、减少行政干预、放松规制束缚、破除行业壁垒的经济政策，同时配套发布支持文化与旅游产业融合的金融政策和财政政策，运用促进产业融合发展的制度法规和政策工具为文化产业与旅游产业的融合发展提供制度性和政策性保障。同时，政府通过对文化与旅游市场中的企业主体进行商业伦理市场规制和社会责任价值规制，扩大文化产品与旅游产品的社会经济影响力，控制文化旅游市场失灵产生的无序竞争和不规范发展，通过经济性规制和社会性规制的双重动力，推动文化和旅游产业跨越产业边界生成融合型的新业态，完成产业关联扩散的融合演化进程。

消费需求动力、技术创新动力、政府规制动力是推动文化产业与旅游产业融合发展的核心动力。因此，首先要提升文化与旅游产业的消费需求驱动动力。消费需求驱动文化与旅游产业的融合发展，通过培育新增长点、形成新动能得以实现，文化企业与旅游企业需要挖掘和预测消费市场的最新趋势和前沿特征，创新文化旅游产品的内容设计与创意服务，提升文化旅游的创意供给，优化平台展示和多渠道营销路径，充分满足消费者的多元个性化需求。在消费偏好和需求驱动的作用下，文化企业和旅游企业对产业价值链中的模块进行细分解构，重组优化内部价值活动，重构产业融合下产业价值链的核心内容，推动文化产业和旅游产业的形态分化、功能置换和深度融合。其次，要强化文化和旅游产业的跨界技术创新动力。技术创新对文化与旅游产业融合的带动作用非常显著，文化与旅游产业通过大数据、人工智能、虚拟仿真技术的嵌入，完成在细分行业中的跨界融合与创新演变，推进内容生产、展示传播、互动消费等产业链的数字化过程，实现文化产品的价值转化与旅游产品的互动交融，带动文旅产业融合发展。文化与旅游产业通过引入创新技术可以改变产品服务的原有技术特征，优化生产要素的市场配置关系和规模效应，通过技术创新开拓文化与旅游产业融合的边界，促生文化旅游新业态的形成。最后，要完善文化与旅游产业融合的政府规制动力。政府的规制调控政策可以保障文化与旅游产业动态融合的过程。政府完善旅游与文化产业的市场秩序和市场体系，制定旅游与文化的产业经济政策，实施绩效评估和激励反馈。通过市场监管和政策引导优化营商环境，构建文化与旅游产业的生产空间与经济生态，培育文旅新业态的产生。同时，政府需要调控文化市场秩序与旅游市场开发的适配过程，建立文化管理与旅游管理的经济协调机制，规范和制度化建设文化和旅游产业的融合动态进程。

第三节　促进文旅融合的政策背景

在党的二十大和中央经济工作会议的精神指引下，国家和上海市稳定经济的政策接续发布，高质量发展是未来文旅产业发展的首要任务，提振市场预期和信心是扩大需求稳定增长的行动方向。《松江区提信心扩需求稳增长促发展行动方案》应运而生，预示着度假区文旅产业增长发展的重要产业机遇。如今经济回稳逐渐向好，经济社会发展持续前行，长三角 G60 科创走廊的高质量发展是实现经济发展预期目标和助力度假区文旅产业增长的实践基础。

首先，落实行业主体稳定增长的政策措施。积极发挥财政资金对经济发展和稳定市场主体信心的基础作用。第一，支持高新技术企业创新发展，对首次成为"四上"企业（"四上"企业是指规模以上工业企业、有资质等级的建筑业企业、限额以上批发和零售业、限额以上住宿和餐饮业企业、房地产开发经营业、规模以上服务业企业等规模以上企业的统称）的有效期内高新技术企业，给予企业上一年度研发投入 5% 的一次性奖励。第二，支持新型基础设施建设。对总投资 5000 万元及以上，设备投资不低于 40%，符合高质量发展需要的，择优给予项目利息补贴。对支持产业绿色转型贡献突出的企业按成本费用的 15% 比例给予补贴。第三，支持企业升级扩容。对服务业营业收入首次突破 5 亿元、20 亿元、50 亿元的现代服务业企业，分别给予 20 万元、60 万元、100 万元的支持。第四，支持小微企业升级发展。对产值增速超过 20% 的，给予每家 5 万元的奖励。资金用于企业采购数字化管理、技术创新、法律咨询、检验检测等服务。第五，支持服务业载体平台开发建设。对在本区有新建或二次开发再利用计划的星级服务业园区（楼宇）运营管理主体，可按照开发（改造）建安费用的 25% 予以支持。商务楼宇可参照评定，支持额度按照一般园区的 110% 发放。第六，支持批发零售企业的成长。对当年新设立企业，2023 年批发额度达到 1 亿元或零售额达到 2000 万元限额的，给予一次性奖励。年度新增及外区域迁入的达到限额的企业，次年商品销售额增长 10% 至 20% 的，对于商品销售额增速超过 20% 的，分别给予奖励。第七，支持稳岗扩岗留工。大力开展促进就业专项行动、"沪岗行动"等服务活动。加快重点工程稳岗留工补贴和外来务工人员节后集中返岗交通补贴政策兑现。第八，支持和规范发展就业形态。加强新就业形态劳动者权益保障，加强用工督促指导，明确权利义务关系，夯实用工主体责任。实施维护新就业形态劳动者保障权益专项行动，联动各有关职能部门落实各项法律法规和政策措施。第九，支持文化旅游行业纾困恢复发展。对 2022 年文化旅游、住宿等行业防疫和消杀支出，给予分档定额补贴。

其次，强化政策保障机制。加强财政金融精准支持，完善多层次、专业化、特色化的科技金融服务体系，加大对科创企业知识产权质押融资的财政金融支持，最大限度撬动银行信贷资源和社会资本力量，鼓励银行信贷。加大普惠金融力度，助力中小微企业和个体工商户经营发展，激发市场主体活力；优化要素资源保障，加强重大工程涉及土地、水面积、绿地、林地、工程渣土消纳和征收安置房源等六项资源型指标的统筹配置；落实人才计划和政策，建设大学生实习实践基地，持续开展人才安居工程，优化人才公寓配置，叠加分层分类的租房购房补贴，推进留创园建设，吸引和留住各位人才；优化营商环境建设，深化营商环境改革创新，聚焦行政给付、资金补贴等惠企利民政策和服务，新增"免申即享"服务。实施信用分级分类监管，健全信用修复机制，推行市场主体专用信用报告；党建引领壮大产业集群，实施科技创新、党建创新深度融合项目，对优秀和示范项目给予资金支持，在科创政策、政府服务、党建资源等方面给予重点扶持。

稳增长促发展的行动方案从宏观层面带给度假区以政策性的引导和保障，而旅游节事的发展则从微观角度为度假区的品牌营销和客群消费产生重要的需求动能。2023年开展松江"春季问山十八游"文旅节庆活动，提供"赏花问山""踏青游园""沐春逛展""野趣露营"4大版块的18项内容，整个文旅节事活动将持续开展两个多月。泗泾古镇历史文化风貌区的开街仪式，展现千年历史文化底蕴；"浦江首胜、泖田花海"春游节，发布浦江六镇乡村旅游地图，推出线路产品、目的地美食、非遗集市，以及自然博物馆的聆听浦南版块；佘山度假区春季节事活动，围绕五大主题，以"竹笋文化、美食文化"为主线，开展线上直播和线下实景的旅游体验。佘山度假区将发布"霞客君"的动漫形象、推出"跟着霞客游佘山"线路产品，挑战骑行趣味定向赛。同时，还有春季杜鹃花展、春季文化艺术节、踏青游园活动、广富林文化遗址美食节、广富林樱花季主题市集、广富林沐春月汉服巡游、月湖春日森友会、云间粮仓云府游园会、上海影视乐园研学课堂、云间会堂松江版画展览、风乐无边云间剧院古典音乐专场、松江博物馆阿拉善岩画艺术展、泉光云影书画艺术临创展、意形之间文人山水画作展、云堡未来市艺术体验、无用之用材料创意展、辰山植物园野趣露营、世茂精灵乐园亲子互动、橙蓝国际森林营地等多种旅游体验活动。为度假区周边文旅业态的联动发展提供了区域性旅游目的地吸引力和广阔的产业业态发展空间。

第四节　文旅融合的产业发展策略

"十四五"规划的开局之年是全面建设社会主义现代化国家新征程的开启之年。在这历史性时刻，上海市政府在《上海市"十四五"时期深化世界著名旅游城市建设规划》中进一步明确了完善"六大旅游功能空间"、实施"1034旅游高峰工程"的工作任务，其中，"五个新城文旅赋能工程"和"佘山国家旅游度假区提升工程"表明了市政府对佘山度假区所寄予的厚望。这对度假区而言，既是机遇也是挑战，尤其国内国外双循环新发展格局和新冠疫情常态化防控背景下，佘山国家旅游度假区应该结合消费需求衍变、数字技术发展、产业格局变化的新形势，促进旅游业态的创新发展。

一、促进度假区旅游产业的融合发展

旅游产业创新本质上来说就是围绕旅游产品的创新，提升旅游产品的价值和拓展旅游产业链是其关键环节，而旅游产品的综合性以及旅游活动的有序性使得这一创新更多地诉求于旅游业。佘山度假区是松江区旅游产业发展的核心与龙头，可以尝试在产品、资本、技术、服务管理等层面积极探索和相关产业的融合。

　　佘山度假区在松江全域旅游发展的战略引领下，已开发出旅游＋文化、旅游＋体育、旅游＋科普等一些旅游线路，政府规划中尤其提到了诸如古上海文化寻根游、时尚运动游、舌尖美食游、节庆赛事游、科普修学游等等一系列创新精品旅游线路。但在规划落地方面仍旧存在问题，以携程为例，平台上佘山度假区的旅游线路产品极少，多为景点＋酒店简单打包售卖的2天1晚线路；少量高价私家团线路，行程安排仍以观光为主，第一天南村映雪、广富林遗址、朵云书院，第二天醉白池、上海辰山植物园，第三天佘山天主教堂、泰晤士小镇。这一现状表明，虽然政府有所规划设计，市场却尚未完全接受，度假区内景点仍基本处于单打独斗的局面，这不仅降低了游客体验度，也丧失了很多挖掘顾客消费潜能的机会。因此，佘山度假区内景点、酒店、体育俱乐部等接待企业应在政府或管委会的领导下，加强与OTA平台、旅行社、研学机构等的沟通合作，积极进行整体品牌形象的输出，尝试多种产品组合营销的方法，真正创出精品旅游线路，达到多业态的融合发展。

二、度假区旅游产业结构持续优化

　　基于消费市场大数据实验室（上海）提供的数据，截至2022年末，松江区注册企业（含个体工商户）达到22万家，其中佘山国家旅游度假区企业6848家，占比3.1%。按统计门类划分，批发和零售业企业数量最多，其次是制造业、租赁和商务服务业、住宿和餐饮业、科学研究和技术服务业；这5个产业除住宿和餐饮业外，注册资金数量也很高。其中，5个产业在核心区的企业数量也相对较多，除住宿和餐饮业的注册资金较低外，其他 4 个产业注册资本均较高。

表 3-1　注册企业统计门类表

统计门类	企业数量		注册资金	
	旅游度假区	核心区	旅游度假区	核心区
批发和零售业	2817	80	527683.4	34739.87
制造业	920	30	294143.5	30762
租赁和商务服务业	776	42	631576.1	224981.1
住宿和餐饮业	624	33	16357.11	5399.252
科学研究和技术服务业	502	16	169084.3	26894
居民服务、修理和其他服务业	391	5	36912.48	4
建筑业	179	11	84704.23	4343
房地产业	177	8	67755.5	34673
信息传输、软件和信息技术服务业	161	7	57234.47	6510
文化、体育和娱乐业	81	7	10699.5	940
农、林、牧、渔业	80	2	13710.5	100
其他	34		1920.18	
交通运输、仓储和邮政业	33	2	3077.43	600
教育	26	2	22918	16050
水利、环境和公共设施管理业	14	2	23010	20050
金融业	14	1	700	—
卫生和社会工作	12	—	3050	—
电力、热力、燃气及水生产和供应业	6	—	265	—
合计	6847	248	1964802	406046.2

按上海市文化创意产业目录划分重点产业，佘山国家旅游度假区的旅游和文创产业表现较为突出，分别有 724 家和 712 家企业，但旅游、文创产业的注册资金并不高，分别为 15 亿元和 22 亿元，落后于其他配套服务产业的注册资金量。在核心区，旅游产业企业数量方面仍然拔得头筹，但注册资金量不及其他配套服务产业，文创产业与其他配套服务产业数量接近，但注册资金数量仍然远远不及。此外商贸、互联网和信息技术、会展、金融等产业也有所发展。

表 3-2 文化创意产业重点门类企业统计表

重点门类	企业数量		注册资金	
	旅游度假区	核心区	旅游度假区	核心区
旅游	724	51	150258.7	117512.8
文创	712	26	221678.7	26617
其他配套服务	383	27	407001.3	186181.1
商贸	369	20	61868.33	5150
互联网和信息技术	172	5	58146.15	1510
会展	23	1	15253	2000
金融	14	1	6000	—
其他	4450	117	1044596	67075.37
合计	6847	248	1964802	406046.2

从企业成立年份来看，1997 年开始旅游度假区范围内存活至今的注册企业开始有明显增多，2002 年后每年存活至今的当年新成立企业均超过 100 家，尤其近年来注册企业数出现井喷，2020 年、2021 年注册企业数分别达到 512 家和 919 家，但核心区近年来的注册企业数有减少趋势。

表 3-3 注册企业成立状态统计表

成立年份 （年）	企业数量（个）		注册资金（元）	
	旅游度假区	核心区	旅游度假区	核心区
1981	3	—	249.3	—
1982	1	1	—	—
1983	1	—	18.7	—
1984	1	—	80	—
1986	2	—	154.22	—
1987	2	—	183.5	—
1988	5	—	1247.57	—
1989	4	—	4.87	—
1990	5	—	344.5253	—
1991	3	—	297.9	—
1992	10	1	29659.13	25073
1993	12	2	3967.8	263
1994	8	1	2291.65	1546
1995	32	3	12818.82	5423.822
1996	43	12	34360.07	1823
1997	114	6	6071.72	350
1998	69	4	23985.91	450
1999	62	5	24566.25	16200
2000	108	4	19884.41	3150
2001	99	13	77645.93	43920
2002	139	13	20221.45	1881
2003	189	21	35530.3	1082.5
2004	186	33	68557.35	18690
2005	117	4	34705.25	851.3
2006	133	1	52180.19	44379.89
2007	167	1	41326.93	—
2008	174	2	28148.5	2600

（续表）

成立年份（年）	企业数量（个）		注册资金（元）	
	旅游度假区	核心区	旅游度假区	核心区
2009	269	11	45250.3	5036
2010	341	8	43328.8	14.5
2011	363	7	63037	6505
2012	359	10	147444	113345
2013	298	1	62660.96	1000
2014	425	10	175181.7	45021
2015	306	8	134341.3	22635.2
2016	307	20	79710.19	10916
2017	230	12	46324	2580
2018	395	12	130170.8	5500
2019	352	4	65959.43	—
2020	512	8	140006.8	22900
2021	919	8	303950.2	2910
2022（2月前）	82	2	8934	—
合计	6847	248	1964802	406046.2

过去三年很多旅行社、OTA 平台及新媒体服务商参与到本地休闲产品的组织和营销中来，加之政府的积极引导和推动，佘山度假区的产品经营模式得以被重新整合与挖潜，现已渐渐形成一些拳头产品及精品旅游线路。一是与特色旅游资源结合的产品，如古上海文化寻根游、佘山登高游、辰山植物园科普教育游、体育赛事游等；二是针对细分市场的旅游产品，如度假区多家酒店推出的"景点＋酒店"亲子游、乡村银发养生游、青少年研学游等。整合开发模式有利于度假区整体形象的输出，如今已成功创建了"全国都市生态旅游产业知名品牌示范区""中国体育旅游十佳精品目的地""上海市五星体育旅

游休闲基地"等重要品牌。

三、当前旅游产业结构的短板与建议

需要重视的是，佘山度假区在旅游产业结构配置上尚存一些短板，这一问题的解决，需要政府及管委会从产业发展层面给予支持。

一是继续引入大型文旅项目，提高度假区度假休闲产品的品质。佘山自然旅游资源等级相对较弱，但人文内涵丰富，区内腹地较大，且客源市场广大。应在政府和管委会主导下引进或打造几个综合性旅游企业集团，从产业集中度视角来提升度假区开发品质和运营效率。同时，这些大型文旅项目，除了应加强自身内部各业务板块之间的资源整合力度外，政府还应鼓励旅游集团之间、旅游集团和其他相关企业集团之间加强合作，培育出具有全国竞争力的度假旅游品牌。

二是扶持中小旅游企业发展，丰富度假区各类领域的产品与服务。中小旅游企业是旅游经济运行最为活跃的主体，餐饮、文创、土特产等中小、小微旅游企业对弥补度假区接待设施和服务的短板、优化度假区的产业结构、促进服务技术的创新、增强度假区竞争力等具有极其重要的意义。但同时，这类企业规模小、竞争力弱、抗风险能力较差，需要政府出台一系列专门针对急需领域的促进中小企业发展的扶持政策，引导和鼓励金融机构加大对此类企业的信贷支持力度，从而保持其长期发展能力，进而推动其根据市场变化进行创新。

结合国内外先进经验，佘山度假区旅游产业结构优化的具体建议如下：

（一）探索尝试"离区免税购物"消费

可将"离区免税购物"打造成松江乃至上海旅游消费的抓手和名片。在国家产业政策的支持下，调整免税政策，吸引境外消费回流完善全区免税销售网络，实现国外商品和国内购买力充分对接。伴随佘山度假区旅游业的深入发展，需及时预判游客数量的增长趋势，应对游客对高品质免税品的需求增加。上海自贸区建设和"十四五"时期深化世界著名旅游城市建设带来的发展红利和免税政策的放宽都给佘山度假区带来了良好的发展机遇。同时，佘山度假区旅游资源丰富，周边高端酒店配套成熟，旅游业更是政府重点扶持的产业，因此，发展免税购物区的差异化竞争是一条发展路径，配合提供便捷的交通，为游客提供安全的购物环境。加强与国际一线品牌合作，丰富免税购物区内的品牌和产品。提供差异化的促销组合，丰富离区免税购物的商品，使游客获得良好的购物体验。对免税购物区内的进境商品实行正面清单管理，佘山度假区的游客免税购买。对实行"零关税"清单管理的货物免征进口关税、进口环节增值税以及消费税。外地游客可通过免税购物区官网提前进行免税购物，付款成功后可在机场、火车站、邮轮港、指定提货点等地，凭身份证件和交通方式凭证提货离沪，同时也支持邮寄送达。

当前免税业政策体系不断健全利于免税消费的向好发展。免税政策的不断发力有力支持了免税业发展。2020年3月，《关于促进消费扩容提质加快形成强大国内市场的实施意见》中指出，进一步完善免税业政策，加强对免税业发展的统筹规划、健全免税业政策体系、完善市内免税店政策、扩大口岸免税业务。在后疫情背景下，势必不断健全完善入境旅游政策体系，加强入境旅游的整体政策设计势在必行。扩大过境免签范围和上海口岸签发个人旅游签证，探索医疗旅游游客的往返免签优惠期限政策，对语言研学的入境旅游者实施延长旅游签证期限政策。同时，加大政策宣传力度，依托境外旅行商、旅游机构以及在线旅游平台，强化入境旅游便利的政策宣传。推动通讯和金融机构启动开放外卡移动支付服务，创新研究离境退税的凭证电子化功能，优化离境退税的服务流程，创造更为便捷的消费环境。

具体优化免税业相关政策，可以从免税商品范围、免税店数量、免税额度限制等方面开展，完善政策满足游客的消费需求。在免税零售渠道中引入优质本土品牌，提高国内自主品牌的知名度和影响力，将免税店打造成为国货潮品精品自主品牌的重要平台。离区免税购物创新会促进佘山国家旅游度假区的现代服务业发展，吸引游客带动旅游业繁荣，推动交通、餐饮、住宿等相关业态的发展。利于吸引消费回流、推动消费升级，增加消费者的福利，缩小国际品牌的境内外价差，把国内的消费购买力留在国内的循环经济中。

（二）继续深化度假消费新模式

度假时代的来临推动旅游消费的升级和创新。以佘山国家旅游度假区为核心，度假消费可分为观光、餐饮、休闲、养生、运动、文化、购物等。而度假居住是度假生活的核心，根据消费水平、年龄层次、出游方式的不同情况，度假居住分为不同档次的类型，以满足不同的市场需求。度假居住也是一个交友的过程和治愈身心的过程。在年轻人市场中兴趣爱好或是旅游经历都可能成为共同话题；在老年市场中，因度假居住而相识的群体，往往有着相近的经济条件和学历水平，更便于结交。面对不同的市场群体和激烈的市场竞争，佘山度假区应在度假居住的创新方面不断发展，提供不同价位的多样产品形式。星级酒店、产权式酒店、院落式酒店、公寓式酒店、商务会所、会议酒店、精品酒店、经济型酒店、家庭旅馆、青年旅馆、汽车旅馆、酒店式公寓、度假公寓、康养公寓、养老公寓、温泉公寓、山地别墅、木屋别墅、乡村民宿、房车营地、帐篷营地等，满足不同客群在度假居住层面的消费需求。在模式上，对于长时间居住停留的旅游者从需求出发分别推出"候鸟式""疗养式""文艺鉴赏式""田园式""社区式"等各类模式的度假居住旅游产品。"候鸟式"建立在环境和气候的优势条件下，有较大的灵活性且成本较低，从暖冬、避暑和山水景区三个层面进行产品开发；"疗养式"倾向于老年群体的疗养护理，可以分为中医养生、西医护理和美食养生；"文艺鉴赏式"侧重满足消费群体的精神需求，推出带有民俗风情和历史文化的服务项目；"田园式"以农家乐为出发点，推出农事体验、田园风情鉴赏等旅游产品；"社区式"则需要体现更多的综合性，在居住产品中尽可能地增加配套服务设施，让居住者体验到家庭式温情。在度假居住产品中，带动配套旅游产品开发。

（三）开展探索精致露营消费新场景

2020 年露营风潮逐渐兴起，受疫情影响，短途游逐渐成为旅游的主流市场，在这其中定位近郊的露营度假方式开始走红，也因此2020 年被称为"露营经济元年"。2017 年起始，上海（佘山）航空嘉年华已经连续举办 5 届，超万名观众参加航空亲子帐篷露营，观看参与飞行特技表演、航模火箭飞行、航模运动会比赛、无人机展示体验、航空国防教育讲座、航空集市摊位帐篷等活动。

与此同时，国家也在政策上大力鼓励支持露营旅游健康发展。文化和旅游部会同中央文明办、国家发展改革委、公安部、应急管理部、自然资源部、住房和城乡建设部、国家体育总局等13家部委联合印发《关于推动露营旅游休闲健康有序发展的指导意见》，明确指出，在符合相关规定和规划的前提下，支持在转型退出的高尔夫球场、乡村民宿等项目基础上发展露营旅游休闲服务，鼓励有条件的旅游景区、旅游度假区、乡村旅游点、环城游憩带、郊野公园、体育公园等，在符合相关规定的前提下提供露营服务，鼓励城市公园利用空闲地、草坪区、林下空间划定非住宿帐篷区域，供群众休闲活动使用。

人们在走进自然户外活动的过程中获取灵感塑造新的审美，追求山系生活方式。风险意识也使得传统的旅游形式不再满足人们的消费和情感需求，精致露营旅游的自由性、随意性、休闲性、特色性正在被旅游者们发现并逐渐重视。而人们追求的山系生活风也让以生活美学为导向的"精致露营"逐渐火热起来。相比传统户外露营，精致露营更是一种讲求情趣的户外美学。从标配的帐篷、睡袋、折叠椅、蛋卷桌到煤油灯、星星灯、咖啡机、烧烤装备、钓鱼竿等充满仪式感的单品。精致露营通过亲手搭建帐篷、制作美食、置身星空之下，将更好的舒适性、娱乐性和审美性传递给大众，在这种置于自然之间的休闲模式中给旅游者沉浸式休闲体验。在这样的大众需求下，精致露营将成为时下的新兴业态和消费趋势。

精致露营（Glamping）是由Glamorous和Camping两个词汇集合而成，也被称为轻奢露营或野奢露营。相比传统的露营产品，精致露营追求户外美学的情趣，有更高的舒适性、娱乐感审美性要求，余山度假区可以通过"营地＋景区""营地＋田园""营地＋研学""营地＋体育""营地＋玩乐""营地＋演艺"等新的组合模式对精致餐饮、野奢住宿、自然环境、主题风格场景进行整合，同时加入篝火晚会、星空 KTV、围炉夜话、狼人杀、剧本杀等自然交互的活动内容，将露营旅行转变成沉浸式的愉悦体验。相对于传统的餐饮和住宿，精致露营的环境更亲近自然，活动更具互动感，场景更加浸润情感和格调，因此，还可以通过推出"赏花＋露营""房车＋露营""露天音乐会＋露营""旅拍＋露营"等众多特色精致露营产品，让游客产生仪式感、存在感、认同感，满足游客的共情需求。

（四）创新完善度假旅游地新餐饮

随着生产力发展人们生活水平提高，生活中逐渐受到各类美食文化的感染，餐饮这一元素在旅游中的比重也越来越受到重视。餐饮不仅用于亲朋好友之间交流感情，餐前拍照也成为一种就餐仪式。互联网时代的网红经济，更是让餐饮这个有地域特色、功能需求的商业形态具备了成为旅游吸引核的可能。但是就目前来说，市场中的大多数美食产品都处于较低开发水平，整体发展处于初级阶段，美食产品中较少涉及文化赋能。与此同时，餐饮市场中存在很多为了抢夺客源而采取恶性竞争手段的乱象。诸如价格战一类的竞争方式背后往往是为了盈利无节制地压低成本，食品安全得不到保障。旅游者购买过程中也没有其他参与形式。餐饮旅游产品与传统的旅游产品并不相同，其往往同时具有文化性、地域性、体验性、审美性、便携性等特点。为使餐饮旅游产品充分发挥价值，应当加强政策引导和支持，鼓励当地餐饮从业者深入挖掘特色餐饮旅游产品背后蕴含的文化内涵，在特色餐饮旅游产品开发过程中加入互动环节，增加趣味性，充分调动旅客积极性和主动性，进而提升游客在当地旅游的整体愉悦感。通过良性竞争改善餐饮市场的整体秩序，形成完整的餐饮旅游链。打造品牌效应，提高市场竞争力。同时可通过餐饮食品包装、网页宣传、公众号推广等方式来进行广告宣传。

松江具有非常多的食品品牌和地方美食。餐饮与休闲娱乐的紧密结合应当成为时尚消费的创新方向。餐饮与演艺结合的秀场餐饮模式、生态餐厅与休闲活动结合的休闲餐饮模式、食疗与健身康养结合的功能餐饮模式等。这些模式能满足不同消费者对地域特色、健康养生、人本体验、生态休闲等的多元消费需求。美食消费在度假消费中占有重要地位，也是吸引游客积聚人气、形成商气的基础。美食消费的创新种类和路径有很广泛的探讨空间，因不同的休闲客群而差异化设置。

（五）创新发展度假养生新消费

康养健身一直是人们关注的焦点，尤其是中高端度假者的需求偏好。康养是"康"与"养"相结合的一种消费形式，通过强身健体、健康膳食、修身养性来达到身体与心灵上的和谐，而康养旅游则将旅游作为载体，丰富其康养中的活动形式及业态表现。随着社会发展，人们不再满足于单一消费形式，需要通过消费满足自身的各式需求。当前社会发展阶段，医疗、养老等元素成为市场热点，拥有较大体量的消费群体。康养旅游一般包括治病、休闲、养老以及旅游观光等，旅游者在旅游地的停留时间较长，且目前国际旅游健康客流呈现发达地区向发展中地区流动，城市地区向农村地区流动的整体趋势。康养旅游的初期产品主要以保健康养为目的，在新度假时代的背景下，单纯的饮食或运动类项目很难满足消费者的个性需求。在休闲度假放松身心的同时，主题化的康养项目是一种更具吸引力的高附加消费路径。自然环境、康体设施、服务质量、文化渊源、度假氛围等附加价值是游客度假消费选择的重要影响因素。通常情况下，开发者基于当地的特色康养资源，融合医疗设施、康复理疗等开发或形成旅游线路并制定配套旅游产品。

康养旅游一般分为"医疗＋旅游"模式以及"养生＋旅游"模式，前者更侧重于"康"，后者则更倾向于"养"，"医疗＋旅游"模式具有较高的专业性门槛，而"养生＋旅游"则本身就带有旅游元素，可以在此过程中展示当地旅游资源和产品，上至国家层面，下至度假村各个层级都可以体现养生理疗理念。佘山度假区可参考构建老年之家、疗养小镇等产品，结合当地优势自然资源推出医疗保健、定期康复、养生学习等产品服务来吸引旅游者形成消费习惯。同时可以结合当地高尔夫球场资源定制高端康养产品，吸引高水平消费者进入。

（六）重点打造运动休闲类新品牌

近年来，"体育＋旅游"融合发展，各类优质体育旅游目的地得到有效开发，曾经属于小部分人的专业运动也逐渐开始全民化，民众对于体育运动的参与度逐渐提高。后疫情时代人们出于健康追求等原因，对于运动的需求将会成为新一轮的增长点，运动休闲作为时尚休闲旅游方式已经成为新的消费潮流。当前我国旅游业的发展正从传统观光型向休闲度假型转变，在这其中就旅游产品而言运动类休闲度假产品占据主流。冬奥会之后，滨海运动、冰雪运动以及山地户外运动逐渐成为休闲度假游中的主要产品。

运动消费在游客总消费中的占比日益增大，能够形成度假旅游新的吸引力和收益点。运动度假旅游作为近年来新兴旅游度假形式，以体育运动资源作为基础，依托休闲度假氛围，集主题运动、旅游休闲度假、运动娱乐、节庆赛事、健康养生、商务会议等为一体的旅游形式。一方面，运动休闲度假可满足部分旅游者对于体育运动的需求，在这一形式的休闲度假过程中身心得到健康发展；另一方面，运动度假旅游除了包含各类诸如娱乐、健身、赛事、节庆、文化等内容外，还衍生出各类休闲活动。运动休闲度假旅游以运动小镇或运动度假综合体为载体，在市场需求的带动下，推动旅游从观赏型向体验型转变。以参与和体验为主要形式提供相关旅游产品和服务，满足旅游者健康娱乐、旅游休闲的目的。其开发架构概括起来，包括核心主题运动及由此延伸出来的各种休闲运动、运动小镇/运动度假综合体本身的架构、运动绿道及赛道、全年度的节庆及赛事活动。而旅游景区的主体场地不同，适合开发的运动休闲项目也会不同，佘山度假区具备得天独厚的自然环境和康养优势，亟待开发特有的运动休闲度假产品。结合佘山度假区优势自然环境以及酒店、美食、娱乐等旅游要素进行运动休闲型旅游度假区的开发，利用国家对于体育产业的扶持政策，开发建设"佘山体育小镇"，赋能产业链进行价值构建。

国家发展改革委、中宣部、财政部、商务部等23个部门联合印发《关于促进消费扩容提质加快形成强大国内市场的实施意见》，意见明确提出，"重点推进文旅休闲消费提质升级，培育新型文化和旅游业态，鼓励博物馆游、科技旅游、民俗游等文化体验游，开发一批适应境内外游客需求的旅游线路、旅游目的地、旅游演艺及具有地域和民族特色的创意旅游商品"。以此为前提，国家大力鼓励发展文化产业，文创产品与文化消费也被赋予了新的内涵，呈现出主流化、科技化、大众化、全球化的基本特征。在众多"旅游＋文化"的组合模式中，文创类产品业态无疑是文化与旅游结合最直接、最有延展性、最富有生命力的，文化消费在休闲旅游消费中体现出娱乐性、享受性、消遣性、精神性的产品特点。佘山度假区应结合利用松江自身的文化传承和资源特色创新开展文化演艺活动、文化展示活动、主题文化节事，开发文化创意产品。深入挖掘旅游产品构成要素的经济效益潜力，促生文创旅游购物消费的潜能，将商品创意、环境营造、文化体验融合其中。

（七）推动构建"夜间经济"模式

　　国务院办公厅印发《关于进一步激发文化和旅游消费潜力的意见》，提出鼓励大力发展夜间文旅经济，建设一批国家级夜间文旅消费集聚区。上海市9部门联合出台了《关于上海推动夜间经济发展的指导意见》，提出围绕打造"国际范""上海味""时尚潮"夜生活集聚区的目标，推动上海"晚7点至次日6点"夜间经济繁荣发展。"夜经济"作为拉动内需、促进消费导向、支撑消费升级的重要概念，成为国内大循环的良好开端，是充分发挥国内超大规模市场优势、刺激消费、增强城市远程号召力、推动形成"双循环"新发展格局的重要举措。

　　在国家和市政府的利好政策支持下，佘山度假区可以基于自身历史、地域、人文等特色，通过打造集"吃""买""逛""玩"于一体的特色夜市；开放"博物馆、网红书店奇妙夜"游览路线；利用声光电、虚拟现实、三维动画、环境特效技术手段构建山水秀、光影乐园等特色光影秀等方式，打造聚集夜间观光、购物、餐饮、娱乐、文创、影视、演艺等各类消费业态于一体的综合性夜间文旅消费模式，通过文化味道、文艺气息，重塑着人们的晚间生活模式，为佘山度假区带来新的活力。

第四章
以服务创新促进度假区业态升级

第一节　佘山度假区业态分析

一、度假区旅游业态的内涵

（一）旅游业态的概念

"业态"一词源于日本，最早出现于零售业，引入旅游业是用来描述旅游产品形式、经营组织方式和旅游资源配置的产业具象形态。从经营角度分析，旅游业态是对旅游行（企）业组织经营方式的描述和旅游产业的发展阶段、趋势以及业种范围的界定。从消费需求角度分析，旅游新业态是旅游行业根据游客需求，创造出能够满足游客心理、情感、审美享受的新产品。从产（行）业的发展过程分析，旅游新业态是相对于旅游主体有新的思路和内容的发展，形成比较稳定发展态势的业态。狭义的旅游业态专指旅游企业或集团的经营形态；广义的旅游业态则还包括旅游产业的结构类型和组织形态。

由于旅游活动的多样性和复杂性，旅游产业天然具有综合性，交通运输业、旅行社业、膳宿接待业和游览娱乐业等是其核心构成，同时与旅游目的地的多部门多环节，诸如农业、电信、医疗、文化、金融等也发生着密切的联系，产业整合力很强。尤其在市场需求不断变化，科技持续进步和竞争日趋激烈等因素的推动下，旅游业和第一、第二、第三产业的融合速度在明显加快，旅游新业态不断产生。

旅游新业态是根据市场需求对旅游产业的产品结构（业种）、旅游业当前发展阶段（业状）和未来发展趋势（业势）的一种综合性描述。旅游业态的形成过程，也是旅游业的创新过程，其内驱力是旅游行业领袖创新精神的引领、旅游行业创新资本的投入和旅游创新文化的驱动；外驱力是市场需求变化、市场竞争、科技进步、产业链的延伸以及相关产业的渗透、虚拟化经济的发展。因此，在社会不断进步的背景下，旅游业态的升级和创新是必然的趋势，是调整产业结构、实现旅游产业升级和推进旅游可持续发展的重要路径和方向。

（二）度假区旅游业态的构成

从全球范围来看，度假区的建设各有所长，但又有章可循，即均以满足目标市场的综合性度假需求为特征。参照我国 2023 年 2 月 1 日开始实施的国家标准《旅游度假区等级划分》（GB/T 26358-2022），旅游度假区的定义是，以提供住宿、餐饮、购物、康养、休闲、娱乐等度假旅游服务为主要功能，有明确空间边界和独立管理运营机构的集聚区。在这一定义框架下，除了住宿、餐饮、购物等核心度假产品外，对康养、休闲、娱乐等融合性度假活动也提出了很高的要求。

总体而言，度假区旅游业态的构成，有如下特征：

首先，住宿是度假区旅游业态构成的核心内容。区别于逗留时间普遍更短的观光旅游，度假旅游更重视在一地的"慢"游，强调"住"的重要性。因此在度假区旅游业态构成中，住宿产品是最核心的，需要有足够数量的住宿设施。同时，结合度假游客的需求，通常要有多品类的度假房型，包括家庭房、亲子房、景观房、主题房等；在住宿设施种类上也要有合理的配比，既要有国内外知名品牌的度假酒店，也应该配置一定比例的优质民宿，以及当地特色的住宿设施；为了满足不同消费群体的需求，在住宿设施的档次上也应该有所区分，以拥有多类餐饮、休闲、娱乐设施的全服务型度假酒店为主，兼顾开发有特色的有限服务型酒店。

其次，餐饮和购物是度假区业态的基本组成部分。在传统的远离城市的度假区，餐饮和购物业态的存在，是满足度假客人基本生活、旅游需求的重要前提；而在现代流行起来的环城市度假区，其不仅能满足度假客人需求、提升度假区综合收益，更是诱使城市一日游客人前往的旅游吸引物。因此，除了度假酒店内的餐饮配套，度假区还应规划更多的餐饮空间，引导多类型餐饮业态的发展；购物方面，除了文创产品、当地土特产，有特色的大型购物中心，如奥特莱斯、免税店等，也成为撬动度假区发展的重要业态。

再次，多元融合的休闲娱乐是彰显度假区特色的旅游业态。大部分旅游度假区依托于丰富的自然资源，建立在生态环境良好、风景优美的地区，游客逗留期较长，以我国国家级旅游度假区评定标准为例，过夜游客平均停留天数不低于 2.5 天，这在客观上要求度假区挖掘各种资源，将文化、农业、教育、康养等和旅游活动深度融合，并开发夜游产品，突出"游"的丰富性，打造自身度假特色。同时，由于自然气候因素和节假日规律，旅游度假区大多数呈现出明显的季节特征，这就需要经营者提供多业态产品以在淡季争取更多客源。

二、度假区旅游业态的发展现状

佘山度假区地处上海市西南、松江区西北，1995 年正式设立，为国务院在 1992—1995 年间批准建设的 12 个国家旅游度假区之一。2020 年，佘山旅游区重新被认定为国家旅游度假区，也是唯一坐落在直辖市的国家旅游度假区。整个度假区规划控制面积 64.08 平方公里，其中，核心区（东、西佘山及周边区域）10.88 平方公里进行了重点先期开发，外围 53.2 平方公里也已开始递进开发。历经 20 多年的持续开发与投入，加之优越的地理位置和市场条件，佘山度假区旅游业态布局已日渐成熟，呈现出以下特点：

（一）旅游功能项目品类较为齐全

佘山度假区拥有上海陆地唯一的自然山林资源，这使其在上海辖区内资源优势十分突出，既有佘山国家森林公园、辰山植物园等自然生态类旅游景区，又有全国重点文保单位广富林文化遗址，以及上海欢乐谷、世茂精灵之城等主题公园，还有佘山国际高尔夫俱乐部、天马赛车场等康体休闲类场所，自然与人文交融，观光与游乐并举，层次丰富，品类多样。

表 4-1　佘山国家旅游度假区主要旅游功能项目一览表

项目类别	主要项目内容
观光游览类景点景区	辰山植物园（4A）、佘山国家森林公园（4A）、月湖雕塑公园（4A）、广富林文化遗址（4A、全国重点文保单位）、广富林郊野公园
主题游乐类景点景区	上海欢乐谷（4A）、玛雅水乐园、世茂精灵之城主题乐园、世茂深坑秘境主题乐园、上海少年儿童佘山活动营地
康体休闲类景点景区	上海佘山国际高尔夫俱乐部、天马乡村俱乐部、上海天马赛车场
酒店类接待设施	佘山世茂洲际酒店、佘山索菲特大酒店（五星级）、佘山茂御臻品之选酒店（五星级）、广富林宰相府酒店、松江广富林希尔顿酒店、上海欢乐谷嘉途酒店、兰笋山庄、大众国际会议中心、佘山森林宾馆

同时，佘山度假区已建成一批不同档次、不同类型的酒店住宿设施，能基本满足该区域度假休闲、商务会议接待的需求，包括佘山世茂洲际酒店、佘山索菲特大酒店、佘山茂御臻品之选酒店等国际品牌豪华酒店，适合亲子家庭的欢乐谷嘉途酒店，以及兰笋山庄、佘山森林宾馆等老牌中端特色酒店，还有散落在度假区周边的民宿，对度假区的"留人"起到了很好的作用。

（二）旅游产品形态正在持续迭代

佘山度假区的旅游产品形态，不断根据市场需求开发迭代，甚至可以说经历了一个大浪淘沙的过程。在 1995 年度假区建成后，太空探秘娱乐宫、封神榜艺术宫、欧罗巴世界乐园等一批人造景观曾经运营过一段时间，但很快被市场淘汰。2000 年之后，注重游客参与互动的主题公园、康体休闲设施建成，且以上海欢乐谷为代表的景区，

持续在做大投入的产品更新；近几年来，将当地工业遗址与文化创意
相融合的深坑酒店及周边景区的开业、广富林文化遗址的开发，为度
假区的人文特色又增添了浓墨重彩的一笔；世茂精灵之城主题乐园的
开业，使得亲子旅游又多了一个好去处。

表 4-2　佘山国家旅游度假区旅游产品形态的发展

时　期	新产品类型	代表性产品/景点	新节事活动
1995—2000	自然风貌观光 人造景点观光	佘山天主教堂、佘山国家森林公园；太空探秘娱乐宫、海底奇观、封神榜艺术宫、欧罗巴世界乐园	
2001—2010	主题游乐 康体休闲	月湖雕塑公园；天马赛车场；天马乡村俱乐部；佘山高尔夫球场；上海欢乐谷	兰笋文化节、佘山森林旅游节、汇丰杯高尔夫世锦赛、天马论驾、佘山元旦登高
2011—2015	科普游憩 主题游乐	辰山植物园；玛雅海滩水公园	上海国际兰展、辰山草地音乐节
2016—至今	文化创意 文旅融合	广富林文化遗址公园；广富林郊野公园；世茂精灵之城主题乐园	佘山国际半程马拉松、佘山航空嘉年华、松江四季节庆活动

与此同时，自2002年举办第一届兰笋文化节以来，度假区已汇
聚了佘山森林旅游节、汇丰高尔夫冠军赛、天马论驾、辰山草地音乐
节、佘山国际半程马拉松、佘山航空嘉年华等不同领域的节庆活动和
体育赛事，近年来更是成为松江打造"春季问山""夏季拜水""秋季
寻根""冬季祈福"四季旅游文化主题活动的主力场所，极大丰富了
度假区的人文旅游内涵，每年参与者众多，影响力日益增强。在这种
产品开发理念下，度假区游客人数每年递增，至2019年，度假区各

景点接待游客 1211 万人次，旅游营业收入达 16.8 亿元。

（三）产品经营形态出现多元融合

大型文旅地产集团在佘山的开发建设，综合联动效应明显。如上海华侨城投资建设的旅游度假综合体，基于上海欢乐谷嘉途酒店与上海欢乐谷、玛雅水公园联动打造"主题公园＋主题酒店＋文化演艺"产品；世茂集团则将精灵之城主题乐园与世茂深坑酒店深度捆绑，共同进行活动策划和营销宣传，这对区域的综合形象和品牌提升有明显效果。

在 2020 年新冠疫情暴发以来，异地旅行活动被本地休闲生活取代后，很多旅行社、OTA 平台及新媒体服务商参与到本地休闲产品的组织和营销中来，加之政府的积极引导和推动，佘山度假区的产品经营模式得以被重新整合与挖潜，现已渐渐形成一些拳头产品及精品旅游线路。一是与特色旅游资源结合的产品，如古上海文化寻根游、佘山登高游、辰山植物园科普教育游、体育赛事游等；二是针对细分市场的旅游产品，如度假区多家酒店推出的"景点＋酒店"亲子游、乡村银发养生游、青少年研学游等。整合开发模式有利于度假区整体形象的输出，如今已成功创建了"全国都市生态旅游产业知名品牌示范区""中国体育旅游十佳精品目的地""上海市五星体育旅游休闲基地"等重要品牌。

三、度假区旅游业态的局限不足

（一）多元旅游业态尚缺鲜明的整体品牌形象

佘山度假区在旅游业态布局上已呈现出多层次、多元化、多类型的特征，观光游乐、度假休闲功能兼具，其"人文生态"的旅游目的地形象已得到市场的一定认知，尤其在上海，佘山森林公园、辰山植物园、上海欢乐谷、佘山世茂洲际酒店等景区和设施已有较好的市场影响力和知名度，客源市场稳定。但是，总体上看，佘山度假区的客源仍旧以本地游客为主，外地游客比例仅为 10% 左右，佘山仍旧是"上海人的佘山"；同时，客流指向性也很明显，主要以一日游的形式直接前往某个景区，以 2020 年五一假期为例，佘山度假区共接待游客 31.2 万人次，游客主要集中在辰山植物园（人次占比 28.9%）、佘山国家森林公园（人次占比 21.9%）、欢乐谷（人次占比 17.3%）三个景区，区内联动性较弱。

造成这一现象的原因，一是度假区从产品到文化到业态的核心吸引力仍旧有很大的提升空间，其资源品质在全国，甚至在长三角地区，还缺少足够的竞争力；二是各景点在功能定位、商业模式、发展目标及经营成效等方面各有不同，尚未形成景点间目标定位、规划建设、活动设计、营销宣传等方面的协同，度假区主题特色尚不清晰；三是度假区尚缺统一的宣传营销，官网、公众号所展示的信息零散且陈旧，品牌宣传力度不够。因此，作为国家旅游度假区，佘山需要进一步布局有全国影响力的休闲度假项目，并对辖区业态进行重新整合和形象提炼，选择合适的营销推广方式，以此增强度假区的品牌影响力和对外的辐射吸引力。

（二）旅游业态组合和配比结构不尽合理

与景区重点要解决旅游核心吸引力问题以"引人"不同，度假区需要着重考虑的是旅游休闲度假的质量问题，以此才能"留人"，因此，旅游业态的合理配置十分重要。佘山度假区作为松江创建国家全域旅游示范区的核心载体，其空间景观格局已经基本形成，高比例的森林覆盖率使得生态环境在上海这一特大城市内也颇具优势，但在餐饮、交通、购物等业态上的短板仍旧十分明显。

　　主要表现在：一是度假区的外部进入交通和区内交通基础设施建设均存在明显的不足，导致乘坐公共交通前往各大景区存在很大的不便。而自驾的游客常常评价区内标识不清、周末节假日道路拥堵、停车难、停车收费贵等，体验感欠佳；二是度假区内的餐饮、休闲设施配置不足，在上海欢乐谷、广富林文化遗址、世茂精灵之城主题乐园等景区的游客评价中，均存在餐饮质量差、餐饮品种少且贵等抱怨。而区内除了度假酒店和景区的餐饮以外，只有极少数几家单体经营的本帮菜、农家乐餐馆，尚无具有影响力和连锁经营的餐饮品牌；三是缺乏一站式、综合性、高品质的大型文旅商业综合体和可以带来度假区夜间经济的商业街等设施。据统计，自2011年以来的十多年间，佘山度假区的游客量基本逐年增加，但过夜游客率始终在3%—6%之间徘徊，当日往返游客比重大，这不仅限制了度假区收益的增长，还给度假区周末和节假日的交通带来了极大的压力。

（三）对松江区现代服务业的拉动不明显

　　中国居民的度假休闲活动受假期制约，消费淡旺季现象突出，时间集中性强，导致经营度假产品与服务的企业先天有很多难点，因此必须积极创新产品类型，多方拓宽客源，克服消费时间和空间上的障碍。但从目前看，佘山度假区旅游产品与服务结构较为单一，很多仍处于传统服务业态阶段，游客短暂停留，以交通、门票、餐饮消费为主，住宿客人的过夜经济也尚未发挥重要的作用。就市场经济角度而言，佘山度假区旅游业对周边地区经济的促进不够明显。

这和佘山度假区的管理体制也有一定的关系，在"有领域、无领地"的情况下，度假区管委会与"三镇一街一区"之间的协同存在一定的困难，导致旅游经营活动往往只能从每个负责自身景点景区运营的企业层面进行运作，明显的企业边界和各自的利益诉求必然限制了度假区管委会在整个度假区内各方联动中所起的作用。因此，通过佘山度假区的旅游业发展促进松江区现代服务业结构优化和产业升级，整合带动松江大学城片区、松江老城片区、影视文化片区、浦南乡村片区及周边区域旅游的发展，这一作用还十分有限。佘山度假区管理模式，从顶层设计到具体举措，尚需要进一步制度探索与政策创新。

第二节　提升度假区业态的经验借鉴

继我国《"十四五"文化和旅游发展规划》提出到2025年要建设一批世界级旅游景区和度假区后，各地掀起了争创世界级旅游度假区的高潮。一个成功的旅游度假区，将会成为一地休闲度假旅游产业的核心引擎和多元业态的集聚平台，在激发市场主体活力、拓展文旅融合、带动当地经济发展方面起到重要作用。客观地说，我国旅游度假区建设仍处于不断探索的发展中阶段，尤其在当前新形势下，创新必不可少。在本节，课题组遴选了上海国际旅游度假区、莫干山国际旅游度假区、淳安千岛湖旅游度假区三个案例，分别从度假区顶层架构设计、核心业态培育和度假主题打造方面来阐述其相关经验。

一、上海国际旅游度假区的顶层架构设计

上海国际旅游度假区位于上海浦东中部地区，规划面积约 24.7 平方公里，其中核心区为 7 平方公里，发展功能区为 17.7 平方公里。2016 年 4 月 26 日正式开放运营，同年 6 月，度假区内的核心景区上海迪士尼开园。上海国际旅游度假区围绕上海建设世界著名旅游城市的发展目标，重点培育和发展主题游乐、旅游度假、文化创意、会议展览、商业零售、体育休闲等产业，打造现代服务业高地，并整合周边旅游资源联动发展，建成能级高、辐射强的国际化旅游度假区。

作为继 2010 年上海市世博会之后的又一项重大战略性工程，上海国际旅游度假区自成立之初就获得了上海市政府的高度重视，制定了《上海国际旅游度假区管理办法》，对度假区功能定位、规划开发、公共服务和管理等进行规定。同时，依据文化和旅游部《国家级旅游度假区管理办法》，度假区在政策制度设计和组织架构中体现出以下特点：

（一）功能定位融合区域发展

作为拥有迪士尼乐园项目的度假区，上海国际旅游度假区承载了上海市对其拉动区域经济发展的厚望，而其 24.7 平方公里的占地面积，也势必要和周边资源整合联动，才能形成业态丰富、产业兴旺的良好局面。因此，从发展伊始，《上海国际旅游度假区发展规划》（2011—2030 年）中即确立了度假区的基本思路是：以品牌塑造、功能集聚为主线，努力推进园区高品质运营、推动重点片区开发和产业集聚、促进城市功能完善和区域联动发展，将上海国际旅游度假区打

造成为世界著名旅游城市的核心功能区、上海重要的市民休闲度假首
选地之一、科技含量高和创新互动强的智慧体验示范区和具有全球影
响力的现代化国际大都市新地标。

在此基础上，上海国际旅游度假区体现新兴业态导向、产业融合
导向、低碳智慧导向、重大项目带动导向，构建了完整而多元的产业
发展体系，具体包括一大核心产业、六大配套产业和七大延伸产业。
核心产业为支撑国际旅游度假区战略目标和定位的关键产业，着眼于
塑造主题旅游消费吸引力，大力培育和发展旅游娱乐产业；配套产业
是与主题旅游消费关联度较低的、为核心产业和主导产业提供配套服
务的产业，主要包括商务服务、金融服务、信息服务、房地产、现代
物流、专业服务等；延伸产业是与核心产业关联度较高，有助于进一
步丰富和拓展国际旅游度假区功能的产业。这些产业的发展方向与国
际旅游度假区的人流集聚需求相匹配，并且与旅游功能相互融合互
动，同时注重文化元素、体验元素、科技元素的融入，主要包括现代
商贸、住宿餐饮、文化创意、会展服务、体育服务、教育培训、医疗
服务等。

为此，上海国际旅游度假区的开发，分成了近期（2011—2015
年开发建设期）、中期（2016—2020 年功能集聚期）和远期（2021—
2030 年功能提升期）三大阶段，有序推进九大代表性功能项目，包
括迪士尼项目、现代娱乐商业综合体、超级秀场集聚区、横沔古镇、
大型主题婚庆基地、旅游创意产业园区、高端总部休闲基地、低碳智
慧国际社区、国际旅游和文化艺术学院集聚区。

至 2022 年国庆节假期，上海国际旅游度假区已接待国内外游客
超过 1 亿人次，上海迪士尼乐园位列上海旅游节期间发布的"最上海

潮玩地—景区 TOP10"榜首，比斯特上海购物村持续拉动假期消费经济热度，度假区内房车、露营、赛艇、皮划艇、桨板以及路跑等休闲体育活动也越来越受欢迎。据预测，到"十四五"期末，上海国际旅游度假区年接待游客将超 2500 万人次，初步建成旅游产业发达、文化创意活跃、低碳环保智能、环境优美宜居的城市新地标。

（二）管理主体和开发建设主体各司其职

为了保障上海国际旅游度假区的开发、建设、有序运营和持续发展，上海市政府于 2016 年 6 月 17 日的政府令第 40 号公布了《上海国际旅游度假区管理办法》，明确了管理主体和开发建设主体各司其职的管理体制。

上海国际旅游度假区管理委员会是浦东新区人民政府的派出机构，履行管理职责：组织编制和实施国际旅游度假区发展规划，拟订国际旅游度假区产业发展政策；参与编制国际旅游度假区的单元规划、控制性详细规划，组织编制有关专项规划，统筹协调重大项目及基础设施建设事项；负责国际旅游度假区内的相关行政审批工作；承担国际旅游度假区日常管理事务；负责国际旅游度假区旅游公共服务与管理、应急管理、信息管理等工作；统筹协调区域交通管理、客流管理、行政执法、驻区服务等工作；指导区域功能开发，促进发展环境和公共服务的完善；组织起草区域内的消防、建设工程、市容景观、旅游服务等方面的技术规范，推进国际旅游度假区标准化建设；协调海关、出入境检验检疫等部门为国际旅游度假区内的单位和人员提供便利服务等。

上海申迪（集团）有限公司根据经批准的规划，承担国际旅游度假区的土地开发、基础设施建设和相关产业发展任务；同时，负责与美方合资合作，共同建设、管理和运营上海迪士尼主题乐园。简而言之，是上海国际旅游度假区的开发主体和上海迪士尼项目的合作主体。

（三）政府扶持和优惠政策众多

上海国际旅游度假区的建设和发展，是在国务院、上海市政府和浦东新区人民政府的高度关注和大力支持下进行的。各级政府根据国际旅游度假区发展需要，研究制定了多个专项支持政策，支持和保障国际旅游度假区开发、建设、运营和管理。上海市政府在迪士尼项目的土地规划和地铁交通建设等方面给予支持、给予其贷款宽限期和优惠贷款利率，关注放大迪士尼项目的带动效应，出台上海国际旅游度假区影视产业发展专项资金等政策，主动对接迪士尼项目，带动项目周边地区发展。

（四）管委会职责分工科学有效

上海国际旅游度假区管委会下设办公室、综合计划处、产业发展处、规划建设和环保景观处和管理服务处。办公室包括组织人事处和政策法规处，负责综合行政管理和公共关系、统筹协调和保障；综合计划处负责组织编制度假区中长期规划、产业发展和政策研究，财政资金管理和指标管理、审计事务协调；产业发展处负责区域产业发展及投资促进、度假区相关企业扶持资金和市旅游发展专项资金的受理、长三角旅游联动及区域交流合作；规划建设和环保景观处负责参与编制区域内总体规划和详细规划以及专业规划，协调推进区域内重大项目及配套基础设施工程建设；管理服务处统筹协调度假区应急和安全管理、信息管理和运营维护、旅游公共服务与管理。

二、莫干山国际旅游度假区的核心业态培育

莫干山国际旅游度假区位于浙江省湖州市德清县西部的莫干山地区，由庾村集镇和劳岭村、五四村等十个行政村组成，区域面积58.77平方公里。度假区培育形成了以"洋家乐"为代表的高端度假产业，是全国民宿发展的标杆地，以及集民宿餐饮、户外休闲、农业观光、文化创意等于一体的山地生态型度假区，也是中国难得的国际乡村度假旅游目的地，曾被《纽约时报》评为全球最值得去的45个地方之一。2020年，莫干山度假区被文化和旅游部公布为国家级旅游度假区。

莫干山国际旅游度假区最大特色是核心业态明确，民宿对其他产业的集聚作用明显。

（一）创新政策扶持民宿成长

莫干山历史文化底蕴深厚，自然生态资源优越，南北朝文学家沈约、庾信等历史文化名人都与莫干山有不解之缘。其早在民国时期就是蜚声中外的度假胜地，现留存有两百多幢近现代建筑，被誉为"万国建筑博物馆"，是全国重点文保单位，也是中国四大避暑胜地之一，景色最优美的核心地域被划定为国家级风景名胜区、国家级森林公园和国家4A级旅游景区，节假日以及夏季，观光游客络绎不绝。但是，莫干山并未停留在最初观光旅游目的地阶段，而是

抓住休闲旅游大发展的机遇，在莫干山核心景区之外的地域，深入践行"绿水青山就是金山银山"的重要思想，推动生态度假旅游全域发展。

由于莫干山区域生态环境优质，距离上海、杭州、苏州等大城市较近，格外受外国游客的青睐，在江浙沪一带工作的外籍人员经常在此休闲度假。2002年，当时的媒体人夏雨清花2.5万元租下了一栋名为颐园的别墅老宅，陆续花了40万元对其进行整修和改造，在供自家人周末度假之余，作为副业形式开始经营颐园，最终将其变成了莫干山最早的精品民宿，外国人是其主要客源，一夜房租在千元以上；2003年开始，莫干山游客接待量逐年增加，以后坞村为代表的村庄所经营的多家农家乐也逐渐有了名气，迅速发展成为农家乐集聚区；2005年，南非人高天成在三九坞租下其中8栋老房子改造成精品民宿裸心乡，2007年开业，外观力求保留和还原浙江农村老宅原貌，内部装修适合现代生活需求，因此深得外国游客的欢迎；2009年，高天成又投资1.5亿元建立裸心谷度假村，打造生态奢华度假精品酒店。渐渐的，曾经是游客的很多外国人也留下来开办起了民宿，莫干山政府借势大力支持民宿的发展，打出了"洋家乐"的品牌，将之作为德清县旅游的一张名片。之后，国内也有越来越多的建筑设计师、艺术家、景观规划师、企业家等到莫干山实现自己的回归乡野的创业梦想，以裸心、法国山居、西坡、原舍、大乐之野等为代表的精品民宿通过不断挖掘空间资源、创新产品服务成为了莫干山地区新的旅游吸引物，民宿品牌效应和集聚效应显著。

当地政府在推动民宿业发展方面起到了重要作用，包括在旧屋改造上给予相对宽松的政策、创新性地推出点状用地试点；2014年5月又发布了《德清县民宿管理办法（试行）》，这是我国第一部县级民宿管理办法；同时积极推动莫干山民宿学院的成立。民宿产业的发展不仅使得村民经济收入增加，而且为当地提供了就业岗位，乡村活力明显提升。

（二）推动民宿产业集群发展

莫干山民宿已成为中国民宿行业的标杆，数量多，分布广，在莫干山风景区毗邻村域形成以"后坞—仙潭—燎原—劳岭—兰树坑"为中心的环莫干山面状核心集聚区和边远村域多点集聚的民宿空间发展结构。从民宿设计、建设、运营、营销这一系列环节来讲，也已形成完整的民宿产业链，集群发展的特征显著。除了市场化发展自然形成的规律，这与头部民宿企业的引领以及莫干山政府的推动密不可分。

第一批洋家乐和精品民宿为莫干山民宿的调性和品质奠定了基础，也极其呼应长三角城市群人们本身对于生活品质的追求。这一批民宿的出现，直接为莫干山民宿构建出国际化、高端设计、融入自然的综合理念，同时提升了当地民宿产业的管理水平和管理理念。这批民宿创业者基于他们原有的专业优势和人际网络，引入了很多资金、技术和资源，并通过民宿学院、创客基地等形成了集群内良性的学习和创新氛围，经营中也达成了良好的竞合关系，后续还以集群的形式在多地进行品牌输出。

另外，莫干山政府着重推动民宿产业从单一住宿业态向产业集群转变，通过"民宿+"的形式，引领乡村旅游向业态的多元化逐步升级。莫干山民宿通过提供旅游者的吃、住、行、游、购、娱全面的组织服务，逐渐脱离了莫干山核心景区，发展出一种以民宿的生活方式体验为核心吸引物的莫干山休闲度假旅游。同时，在民宿旅游集群逐渐形成的基础上，政府提出建设莫干山国际旅游度假区的区域发展战略，通过"山上山下联动"将莫干山景区纳入度假区空间规划范围，促进民宿和社区、政府与企业的深度融合，逐渐形成"增长联盟"，从更高的产业层次、管理水平和资本循环驱动莫干山旅游地的发展，形成当前莫干山以民宿为核心业态和特色吸引物，并与乡村休闲、户外运动、创意娱乐、康体疗养等其他业态相融合的业态模式，加大莫干山国际度假区实现集聚效应的可能性，以有效提升度假区的知名度和影响力，为未来的国际化、标准化发展奠定基础。

（三）整合区内资源联合营销

莫干山旅游目的地的打响，德清县政府功不可没。从莫干山民宿到莫干山国际旅游度假区，政府领导下的国资企业起到了重要作用。莫干山国际旅游度假区发展有限公司注册资本1亿元，由大型国有企业德清县文化旅游发展集团有限公司100%控股，负责经营旅游基础设施建设和旅游信息咨询、文化活动策划，企业营销策划、酒店管理及餐饮管理服务，生态农业观光项目开发以及农产品的种植和销售等，其雄厚的经济实力和明晰的权责范围使其能真正在搞好规划的基础上，整合资源，丰富旅游活动以发挥莫干山度假区的特色优势。

在度假区官网、新媒体渠道等营销领域，度假区发展公司围绕"原生态养生、国际化休闲"的度假区定位，从"游、宿、味、行、娱、物、文"等领域对整个区内的所有资源进行了统一形象设计和宣传。除了莫干山风景名胜区、庾村景区、劳岭村景区等旅游景区介绍，还有网红打卡点、有特色的"莫干故事"、讲创业者故事的"山中青年"，以及品牌洋家乐、精品民宿、人气探店、创意店铺、亲子乐园、适合不同客群的旅游线路推荐，等等，内容引人入胜，且平台直接提供产品预订，此种形式非常有利于旅游目的地的整合营销，有效实现业态间的集聚。

三、千岛湖旅游度假区的度假主题打造

浙江千岛湖旅游度假区，主要位于浙江省杭州市淳安县境内，1997 年 10 月经省政府批准设立，2007 年 5 月独立持牌运行，主要由排岭半岛、进贤湾、界首和淳安主城区沿湖四个旅游度假区块组成，规划控制总面积 84.29 平方公里，省级旅游度假区面积 30.8 平方公里。千岛湖旅游度假区与千岛湖 5A 级景区相互独立、互不重叠，这一规划既能带来两区联动，又避免保护和开发之间的矛盾。千岛湖旅游度假区的核心特色在于度假主题鲜明、本地风情突出，因而吸引了以商务会议、休闲度假、健康养生、骑行运动等为目的的多元化客源市场，带来了度假游客的高过夜率。相继荣获"浙江省级服务业集聚区""国家服务业综合改革试点区域拓展区""最具文化创意旅游度假区""2019 年度美丽中国首选文旅目的地""国家级旅游度假区"等荣誉称号。

（一）休闲度假产品体系完善

千岛湖度假区是千岛湖旅游产业转型发展和休闲度假旅游集聚的

主平台和主战场，也是推进淳安特别生态功能区建设的发力点。近几年，度假区以山水自然资源为主题，构建了"六大模块、五大集群、四大活动"的休闲度假产品体系。具体包括：住宿业、餐饮业、观光游乐业、休闲娱乐业、公共休闲产品、节事活动六大模块；慢生活体验集群、特色街区集群、文化创意集群、美丽乡村集群、美食餐饮集群五大集群；水上休闲、环湖骑行、《水之灵》旅游演绎和汽车露营四大活动，基本满足不同人群的度假需求，由此形成了以商务会议、休闲度假、健康养生、文化创意、骑行运动等为特色的旅游度假胜地。

（二）产品本地主题特色鲜明

千岛湖度假区避免千篇一律的度假区产品设计，重点依托自然条件开发各种度假产品。以环湖骑行的慢生活体验为例，千岛湖建成了总里程 200 余公里的环千岛湖景观绿道，沿线政府配建骑行驿站、观景平台等各类服务设施，实行社会化运营，给游客更多样更便捷的服务，2019 年接待骑行游客超过 50 万人次。

同时，推出了演艺项目《千岛湖湖水之灵》和以淳安历史文化体验为主体的千岛湖水下古城 7D 电影。《千岛湖湖水之灵》由杭州文广集团、杭州金海岸演艺集团、千岛湖旅游集团共同打造，以千岛湖的水为主题，以风景如画的千岛湖为背景，糅合了中国武术、杂技、舞蹈等表演元素，展现了千岛湖的独特魅力。

此外，千岛湖的环湖国际公路自行车赛、环湖马拉松赛、环湖毅行大赛、世界杯公开水域游泳赛等系列赛事定期举办，"体育＋旅游"特色品牌不断凸显。以户外探险为主题的国际化高标准山地探险乐园千岛湖沪马探险乐园、国内首家赛车主题乐园千岛湖燃擎赛车主题乐园、以热气球体验为特色的千岛湖天迹热气球俱乐部等，则满足了年轻人冒险释放压力的需求。

（三）当地民俗风情活动丰富

千岛湖度假区另一大特色是高端休闲度假项目与当地民俗特色街区相互融合。在美食餐饮集群，游客可在千岛湖鱼街、大排档随处领略淳安独特的饮食文化；特色街区集群，集餐饮、购物、住宿等功能为一体的秀水街和集观湖、休闲、健身等功能为一体的金色阳光运动休闲街区，市民和游客熙熙攘攘；美丽乡村集群也亮点纷呈，度假区内以鳌山渔村、七彩玛璜、毛岭小镇等为代表的 A 级景区村覆盖率达 100%。

与此同时，度假区除了众多品牌酒店，如千岛湖开元度假村、千岛湖喜来登度假酒店、千岛湖洲际度假酒店、千岛湖滨江希尔顿度假酒店等，还有很多民宿品牌，如美客爱途、乡非云舍、西坡千岛湖、云里雾里宋村店、鳌山渔村淳乡居、栗原小居、花墅集、大乐之野等，以乡村民居为特色，在提升住宿舒适度的同时注重挖掘当地的建筑文化和乡村风情，不少民宿由原先的民居改建而来，是民俗文化的活的载体。

2019 年，千岛湖旅游度假区旅游总收入达 40.35 亿元，区内累计接待游客 392 万人次，过夜游客量 206 万人次，过夜游客平均停留夜数 2.27 夜，重游率达 30%。接待境外游客总人数 3.9 万人次，其中中国台湾、中国香港、美国、马来西亚和韩国是境外游客排名前五的国家和地区。

第三节　建设度假区旅游综合体

　　旅游综合体是旅游消费模式、景区发展模式、休闲地产开发模式共同升级作用的结果，也是未来高流量旅游产业的核心承载区。因此，如何提升佘山度假区的综合旅游枢纽地位至关重要。丰富旅游要素的产业链供给，提升度假功能，实现产品和消费同步升级。区域旅游综合体对于提升松江和佘山度假区的品牌形象，推动产业转型升级具有重大作用。区域旅游综合体产业形态的发展，符合观光旅游向休闲体验、景区景点向旅游目的地、单一产品向综合业态转变的时代要求。

　　度假区旅游综合体的产业形态创新要确立综合打造的指向。旅游综合体的核心特征具体包括土地的综合利用、产业的综合开发、功能的综合配置、目标的综合确立。旅游休闲导向型的土地综合利用是旅游综合体建设的发展基础，坚持复合型资源综合性利用思路。旅游综合体产业是单个旅游项目向综合旅游聚集区转变的过程，也是地产、商业、会展、创意、体育、文化等泛旅游产业的综合发展架构。旅游综合体的功能与传统旅游景区不同，其聚集多元旅游功能，能够一体化满足游客的全方位旅游体验需求。综合目标构架必然超越普通旅游区的层次，旅游综合体的发展目标应成为城市特色功能区和旅游休闲的新地标，同时也是城市文化的新名片。

　　度假区旅游综合体在确立定位的过程中，要重视区域功能的定位和开发主题的定位。在区域旅游一体化的结构中发挥比较优势，明确自身在区域发展格局中的定位，是旅游综合体融入松江区域发展与旅游产业提升的前提。开发的主题要面向市场需求，创造差异化的吸引力。整合自然资源、文化资源、社会资源的旅游资源优势，利用独特性的主题实现旅游综合体的内核指向，指导旅游综合体的个性文化和特色意境的构建。

度假区旅游综合体的功能构架是旅游综合体的核心。需面向市场需求、创新整合开发核心资源，创造多个独特核心吸引物和旅游休闲项目，创新核心吸引力。观光景区、主题公园、露营体验、影视基地、美食街区、康养中心、特色酒店、主题博物馆等都可以成为多元的核心吸引物。核心吸引物是客流吸引和提升旅游形象的关键，需要对旅游产品进行深入研究和创新实践。度假区旅游综合体作为休闲聚集中心，由此创造的综合休闲产品体系能满足核心吸引物吸引而来客流的休闲需求。在泛旅游产业构架下，度假区旅游综合体可实现休闲业态的聚集、满足游客的综合游憩诉求，形成休闲聚集中心的经济效果。核心吸引物吸引游客产生初次消费，多元的休闲产品项目激发休闲消费需要，从而引发游客消费的延伸，使得度假区综合体成为旅游休闲目的地。创造延伸消费的过程，也是延伸发展泛旅游产业和现代服务业的业态创新过程。因此，核心吸引中心和休闲聚集中心的打造是度假区旅游综合体的关键所在，也是旅游经营的主要依托。旅游综合体的开发亦会提升土地价值与品牌价值，创造可持续的现金流效应。诸如休闲社区、节事会展、文化创意等业态的开发，配合现代农业、先进制造业、新型服务业的开发趋势，形成泛旅游产业的业态创新发展构架。

佘山国家旅游度假区将从以下八个板块进行综合开发，集美食、购物、旅游、住宿、体育、健康、文化、商务等多功能于一体，打造多种复合场景，在度假区内满足不同旅游目的游客的需求，推动产业升级和转型发展，提升佘山度假区的核心竞争力。佘山度假区的功能建设具体包含以下内容：

一、Food+ 万国美食城

佘山度假区在美食上，除了本帮菜和农家乐之外，可以打造一座万国美食城（街），仿照上海世博园的搭建，为不同国家或地区建造不同异域风格的场馆建筑，馆内工作人员全部为本国人民，着本国传统服饰，提供当地美食和特色小吃，比如日本铁板烧、寿司；韩国参鸡汤、石锅拌饭；德国香肠、猪蹄；意大利通心粉；加拿大菲力牛排；墨西哥卷饼等。同时，在每个场馆开设一个文化展示区，用于展示本国历史或手工艺制品，提供体验活动。努力打造以美食为核心的旅游产品，提升旅游餐饮的品质，推动旅游餐饮和文化相融合，发展美食旅游，进一步与国际接轨，既满足国内游客对其他国家美食的好奇，又作为旅游的一项吸引物促进来自世界各地的外国游客消费。

二、Shopping+ 全球购物城

购物是旅游的重要组成部分，甚至可以成为旅游者的主要旅游动机。有别于常规的奥特莱斯，佘山度假区的全球购物城在品牌选择上，除了高端品牌外，更多偏向于国内外中低端品牌，品类包括衣服、首饰、鞋包、日用消费品等。在价格上采取打折促销和捆绑销售等策略，让大多数游客不再因价格问题停留于橱窗购物。此外，佘山全球购物城的另一大亮点在于对文创产品的支持，开发高品质的文创周边和旅游商品，推广"创意进景区"模式，打响"上海礼物"旅游商品品牌。

三、Hotel+ 酒店民宿村

国家级旅游度假区除了拥有丰富的自然资源外，还要有充足的资本入驻，推出不同等级不同类型的酒店民宿，包括星级酒店、公寓式酒店、院落式酒店、精品酒店、经济型酒店、主题酒店、青年旅馆、汽车旅馆、康养公寓、乡村民宿、房车营地、帐篷营地等，满足不同客群在度假居住层面的消费需求。尤其是打造特色民宿、体验酒店和亲子酒店等特色业态，以上海文化为背景，推广国风国潮；借助佘山的自然环境，推出生态体验，吸引喜欢探索的客群；结合近年来热门旅游形式，打造亲子酒店，提供亲子服务和设施，如亲子餐厅、亲子游戏室等，开发大量亲子游的潜在客群。

四、Sports+ 体育健身

佘山度假区作为以自然资源为基础的旅游目的地，可以发掘自然、人文和历史资源，如举办登山、徒步、露营等户外运动，开展水上运动等；可以在月湖雕塑公园等公园内部，建设滑板乐园和简易健身器材，在周边空地建设综合运动场馆，如篮球场、网球场、羽毛球馆、高尔夫球场等，为体育旅游客群提供运动设施和场地；还可以承办大型体育赛事，如马拉松、自行车比赛、高尔夫锦标赛等，吸引国内外的运动员和爱好者前来参加，推动全民健身的同时，还能宣传带动佘山度假区的旅游经济增长。结合传统体育、现代赛事、户外运动，拓展文旅融合新空间。

五、Health+ 康养中心

佘山度假区的天然大氧吧，对发展康养旅游有着得天独厚的自然优势，康养中心需要配备专业的康复检查队伍和国内领先的医疗设备，集疗养院和康复中心于一体，主要为老年人和需要调养恢复的游客服务，打造独特的康养旅游品牌。开发温泉旅游产品，提供温泉泡浴、SPA 按摩、瑜伽养生等康养项目；开发自然疗法项目，如森林浴、植物疗法、户外健身等，让游客在大自然中享受健康和放松；开发中医康复项目，如按摩、理疗、针灸、中药等康复治疗项目，建设具有人文特色的中医药健康旅游基地；开发文化康养项目，如传统文化体验、书法绘画、音乐演奏等，为游客提供文化与康养相结合的体验；提供健康饮食，由专门的营养师研发餐饮食谱，提供健康的有机食材和营养均衡的饮食方案，为游客提供身心健康的食品体验。

六、Culture+ 文创研学

上海拥有深厚的历史文化和人文资源，佘山更是上海唯一的山地旅游胜地，在佘山度假区发展文化创意产业，如海派文化、民俗展览、沪剧表演等，可以让各地游客更好地了解上海文化和历史，有利于传统文化的发扬光大和延续传承。此外，景区内开发文化主题衍生品、传统手工艺品制作等业态，吸引游客亲身体验文化的魅力，丰富旅游产品的供给。天主教堂、天文台、百鸟苑、广富林等景点的线路设计，可以将传统知识融入进旅游过程中，开发出有趣又专业的研学产品，让旅游成为孩子甚至成年人感悟历史、自然、科技等文化魅力的过程。

七、Play+ 休闲娱乐

佘山度假区除了传统的旅游项目之外，可以依托现有的山水自然景观和文化资源，发展情感旅游产品，如旅拍、亲子游等，使旅游产品的受众面更广。度假区可以和婚纱摄影企业合作，在景区内打造适合婚纱照取景的打卡点，推出旅拍服务。建设小型主题公园，为家庭出游的游客提供多元化、互动性强的旅游产品，如农场萌宠园、亲子DIY 等，配合欢乐谷和玛雅水上乐园，提供更多适合不同年龄阶段儿童的游乐设施和娱乐项目，吸引家庭出游，增进情感体验，增加旅游消费。

八、Event+ 会展会议

坐落在上海市区的佘山度假区，承接江浙沪各行业的信息资源，不仅是休闲旅游的度假胜地，也是商务洽谈和高端会议的适合举办地，度假区内有多家五星级酒店，拥有完备的会议场馆、商务设施和配套服务，健身房、游泳馆、自助餐等一应俱全。佘山度假区可以将商务旅游和观光旅游相结合，为商务客人提供丰富的旅游体验，如游览参观、品尝美食等，满足参会人员的各项需求；还可以承办文化交流活动，如文化论坛、艺术展览等。

度假区旅游综合体对于实施运营提出的要求较高，因此从前期立项到实际开发，都需要寻求专业的高水平智力支持，尤其重视度假区旅游综合体的策划规划和设计运营。需要旅游产品、度假酒店、休闲地产、投资运营、土地综合开发的专业人才，具备全程咨询的服务能力，在项目的管理运营上体现全局性、长期性、品质性的服务表现。

第四节　完善度假区旅游交通网络

"松江枢纽"作为继"虹桥枢纽"后上海的第二个城市级枢纽，将充分发挥其在上海西南门户的服务带动作用，与虹桥交通枢纽形成高效畅达和品质引领的综合交通体系，为松江旅游和佘山度假区提供便捷的交通出行。通过搭建并强化松江枢纽、沪杭走廊等交通桥梁，串联优化松江新城的空间结构和用地布局，发挥松江新城独立的长三角综合性节点城市作用，使其对长三角 G60 科创走廊沿线城市的推动力进一步增强，形成面向长三角、服务松江的标志性门户区，营造"山水间、上海根、科创廊"的城市意象，对促进长三角地区 1 小时经济圈建设起着至关重要的作用。

创新优化旅游景区交通服务保障，提升旅游交通便捷服务体系的空间串联关系，需要尽快建设度假区的综合交通网络；继续完善度假区交通的引导标识系统，切实满足游客各类出行方式的需求；健全建设度假区的交通配套设施，利用数字化方式发展智慧交通体系建设。

一、建设综合交通网络

构建佘山度假区综合旅游交通网络体系的核心，要衔接好景区的"小交通"和城际的"大交通"，具体而言，在铁路交通、轨道交通、有轨电车、地面公交等层面完成交通体系的空间串联，完善旅游景区的交通空间连接，加强中心城区与景点景区，以及交通干线之间的空间组织安排，实现中心城区、交通节点与主要旅游景区的交通无缝衔接。解决交通枢纽与旅游目的地的换乘问题。加强旅游交通基础设施统筹规划，除现有的轨道交通外，在城市主要地标增设佘山度假区的旅游直通车和主题旅游观光的交通专线，如上海火车站、人民广场、陆家嘴等，实现中心城区通达佘山、辰山植物园、欢乐谷等重要景区。度假区内，合理布局并建设接驳大巴、漫游绿道、水系通道和观光巴士，为游客提供多种出行选择，给予更丰富的游玩体验，带去更美好的旅行经历。

（一）接驳大巴

根据佘山度假区的地理条件和旅游资源分布，规划出合理的接驳路线，覆盖度假区内的主要景点和旅游区域尤为重要。在佘山国家旅游度假区内的各景点、酒店、购物中心等地设立公交站，将客流量最密集的几个站点设为公交枢纽站，以主要景点、酒店、购物中心为圆心，向其他景点和配套功能区发散，形成度假区内以核心公交线路为主，借助公交枢纽站完成各支线线路的合理布局，最终形成完善的旅游交通网络，建成休闲娱乐、住宿、购物等一条完整的旅游交通线路，为非自驾游玩的游客提供便利。同时，通过数字化手段调整发车时刻表、公交线路和优化公交枢纽站，建立完善的接驳大巴服务体系，包括服务热线、咨询站点等，尽最大可能满足游客出行需求，提高出行效率。

（二）漫游绿道

　　佘山作为上海的后花园，坐拥丰富的山水美景，登高远眺，九峰三泖，山山玲珑，胜迹相连，如入画卷；漫步林间，桃红柳绿，处处俏丽，景景娇艳，胜似云间。为积极贯彻上海都市旅游配套服务的建设宗旨，把握"回归自然、休闲度假"的开发思路和功能定位，优化佘山度假区内城市休闲绿道系统的空间布局，建设慢步道、自行车道的城市休闲绿道，增加休闲休憩、餐饮购物、停车换乘、自行车租赁等服务功能，构建佘山度假区"快进慢游"的绿道系统旅游功能，推进绿色生态的城市慢行系统建设，为游客提供绿色休闲、健身锻炼、自然探索等多种体验。在路径规划上，根据佘山度假区的自然环境和景观特点，选择合适的路径来规划绿道的走向和长度，同时考虑绿道的通达性和景观性，确保游客既可以欣赏到佘山的自然风光，又能方便快捷地到达目的地；在配套设施上，需要规划绿道的基础设施和景观设施，包括休息驿站、公共厕所、饮水设施、观景平台、景观雕塑等，同时要注重环保和生态保护，减少对自然环境的干扰；在安全保障上，需要规划安全设施和管理措施，包括设置标志、警示牌、安全栏杆、防滑措施等，确保游客在使用绿道时的安全。除步行绿道之外，还要合理布局共享单车和新能源汽车，在自行车道与其他道路接驳处和观景台附近，选择适当地点设立自行车及小汽车停车场，启动绿色出行体验模式，解决旅游交通的最后一公里问题。

（三）水系通道

凭借北佘山、南浦江的独特自然基底，依赖众多骨干水系形成的多条连山通江的南北结构性蓝绿通道，松江新城将形成北达佘山、南通浦江的"大生态"格局，形成"山—城—水"共融的空间基底。佘山度假区作为其中重要一环，利用丰富的水体资源和水系网络优势，创新水上旅游项目，打造上海独有的漂流体验，构筑多点停靠的水上观光旅游交通方式。串联佘山度假区内的精华水上景点，将度假区、松江新城、历史老城等都市人文风情串联成为水上空间布局。引山水入新城、将新城融于山水，山水入城，水岸空间连绵贯通，郊野公园开阔舒朗，最终营造"慢行有道、水岸共享"的绿色生态旅游场景。此外，拓展佘山度假区的水上旅游功能，在滨水岸线修建旅游摄影和滨水观光的基础设施，吸引情感旅游产品入驻度假区。

具体而言，在水上项目的选择上，可以考虑引进旅游游艇、划艇、桨板、水上自行车等，为不同年龄段的游客群体提供不同的游览体验；在码头建设上，建设符合水上交通需求的码头，方便游客上下船，同时，为保障游客的安全，码头也需要配备必要的安全设施和专业人员；在管理维护上，需要制定相应的管理规定和安全标准，确保水系交通的安全和可持续发展。

（四）观光巴士

通过建设旅游观光巴士，可以提供松江新城和度假区内旅游景点的串联性观光服务，完善区域内旅游交通线路。在车型选择上，可以选择双层敞篷观光巴士、电动观光车等，车辆尽量选用具备环保、安全、舒适等特点，满足游客的各种需求，同时低排放或零排放的车辆，可以保护佘山度假区的生态环境；在车身形象上，国家级度假区的综合形象也应包括旅游交通的形象，旅游观光巴士的车身形象是城市旅游的名片，具体而言，在车内设施、车容车貌、标志标识、司机乘务、票务调度、服务管理、站台站牌、旅游广告等方面，应全方位体现佘山度假区的整体形象；在推广宣传上，需要加强宣传力度，让游客了解到佘山度假区观光巴士的方便性和特色，从而吸引更多游客前来体验；在车内设施上，可以配有多国语言的导游讲解服务，行至景点自动播放，游客可自行选择使用；在安全保障上，为了确保游客的安全，观光巴士的司机需要接受相关培训，比如道路安全、应急处理等方面的知识，从而为游客提供更加安全舒适的旅游服务。

二、完善引导标识系统

引导标识系统是游客在度假区内行走和游览的重要指引，推进旅游度假区、休闲街区、游客服务中心等标识体系的建设，对佘山度假区树立良好的旅游目的地形象起着重要作用。规范旅游景点景区道路交通标识，完善主要游览线路沿线公共服务配套，实现全龄友好，对无障碍旅游的便利化设施建设进行信息引导和帮扶服务，实现旅游公共服务全域全程全主体覆盖。完善交通沿线和重要节点的旅游交通导览系统，对旅游标识标牌设施进行统一的交通基础设施规划设计，突出城市品牌形象，与环境相互协调。提升城市道路、旅游核心吸引物、旅游街巷商圈的交通引导标识体系，健全主要景区的旅游交通引导标识系统。合理规范导引牌和导览图的标识标牌，塑造松江和佘山度假区的旅游交通品牌形象。

　　首先，引导标识系统需要良好的设计，包括颜色、形状、文字等方面，既要易于识别、具有较强的辨识度，还需要与佘山度假区或上海的文化内涵和环境风貌相匹配。其次，标识位置的选择要考虑游客的行走路线和视线高度，尤其是在复杂的景区环境或行车道路中需要合理布置引导标识，使游客能够轻松找到目的地。然后，引导标识的位置和密度要适当，根据不同区域的情况，合理布置引导标识，增强游客的方向感，过密的引导标识会造成困惑和不适，过少则可能会导致迷路或引发安全问题。此外，对于国家级旅游度假区来说，游客来自不同的地区和国家，考虑到不同的语言和文化需求，多语言标识是不可缺少的，不仅便于游客理解和使用，更体现出坐落在上海这座国际化大都市的佘山度假区与世界接轨的步伐。最后，标识系统需要定期更新和维护，包括对老旧标识进行更换、损坏标识的维修和更换等，保持引导标识系统的完整性和可用性。

三、健全交通配套设施

　　佘山度假区的综合交通网络建设和良好运营，还需要推进旅游交通服务体系的配套建设，促进文化、旅游与交通融合发展，以点连线、以线绘面，形成互联互通、优质高效、一体协作的文化和旅游网络布局。

（一）设立各类停车场并完善配套设施

　　佘山度假区积极推进自驾游旅游体系建设，建设自驾车营地和特色自驾游示范区，提升完善旅游咨询、餐饮住宿、娱乐购物、安全救援、形象展示的服务功能。规划建设各类公共停车场，配置加油站和发展新能源汽车公共充电桩，以及停车导引系统。在商场、酒店、餐饮集中地等大型商业设施附近，可以考虑与其合作，通过联合经营的方式增加停车场的收益，提供更加便捷的停车服务，实现共享停车资源。除了自驾车停车场之外，在主要景区、商业设施周边，还要建设供大巴停靠的大型车位，以及在绿道沿线，配套建设共享单车临时停靠点和借还停车点，便于不同旅行方式的游客选择使用。

搭建综合交通的一体化平台，让游客通过手机导航即可快速便捷地查询到度假区各停车场的位置、路线、容量、实时饱和情况等信息，避免高峰时期排队等候车位耗时，切实解决"停车慢停车难"的问题。

（二）提升完善咨询服务体系

数字化技术的应用可以有效提升度假区交通咨询服务的效率和便利性，构建"互联网＋"的全域智慧旅游体系，加快旅游咨询服务体系的建设，形成覆盖高铁站、地铁站、度假区的旅游咨询服务网点，推进交通信息数据和网络化平台的共享机制。通过建立度假区交通咨询的网络平台，提供在线咨询服务，方便游客在线获取交通信息，平台可以提供实时路况、交通安全提示、车辆调度等信息，同时也可以通过在线交互的方式解答游客的疑问。在重要节假日和重大节庆赛事期间，发布高速公路和主要旅游道路交通组织、运输服务保障、旅游目的地拥堵预警的信息，为游客提供更贴心的服务。建立语音交互系统，方便游客在没有手机的情况下，通过电话或语音助手与交通咨询系统进行交互获取信息。在度假区的重要节点、公交枢纽站等地点设置电子显示屏，显示交通情况、接驳巴士信息等服务，同时，电子显示屏也可以提供旅游景点介绍、地图导航等信息。此外，还可以通过对游客交通数据的收集和分析，了解游客的交通需求和出行习惯，进一步优化交通咨询服务的质量和效率。

第五节　打造特色 IP 与演艺活动

一、旅游资源与文化遗产的活化创新

建设松江旅游文化中心，形成规模化密度高的剧场群集聚效应。创新打造文化新品牌"上海源愿 SHOW"，SHOW 恰由"Shang Hai Origin Wish"四个英文单词的首字母组成。"源"代表松江是上海文化之源，"愿"代表佘山度假区的梦愿体验。"上海源愿 SHOW"实现诗与远方的融合，"让陈列在广阔大地上的遗产，书写在古籍里的文字活起来"。《2021 美好城市指数白皮书》发布的城市群景区数据显示，游客对传统文化景区的旅游需求保持强劲，文化魅力在城市特质中的影响力占比最高，因此需要持续的优质内容输出吸引游客。

传统文化遗产脱离原来的文化语境和使用场景之后，很容易变成静态的文化遗存。基于游客参与的文化遗产活化是旅游资源活化的创新方式。在遗产修复活化层面，除了恢复文化遗产资源历史形态的完整性之外，还要注重文化遗产资源的价值体现。遗产修复的目的应当增加文化遗产的可视性，复苏文化遗产的生命活力。在情景再现活化层面，实践体验经济效果，通过情景再现的方式为旅游者创造难忘体验，融合现代生活赋予文化遗产新的生命力，利用民俗文化节事活动创新延展文化遗产的产业活动，依托实景舞台进行非物质文化遗产的旅游传播，实现对文化遗产的活化再现。在环境再生活化层面，展现文化遗产成长生存的环境，提高遗产旅游者的游览体验质量，塑造文化遗产之间的关联性整体印象。在文化资源数字活化层面，运用数字化手段科技助力文化遗产的感知性、体验性和分享性。要使文化遗产在数字技术的基础上实现生活化、产品化、世界化。加强多平台合作，结合各方合作主体之间的优势资源实现共创共建和社会共益。借助数字技术的力量实现文化遗产"大众化"，消除文化遗产的信息不对称，鼓励社会与产业参与进来进行融合创新。利用 VR 技术、数字解说、AI 展馆、新媒体互动等传播媒介激活文化记忆，实现对非物质文化遗产的文化传播和载体保护。坚持原真原则、开发互动项目、加强游客参与、形成活化氛围。结合佘山度假区和松江旅游文化中心，打造具备国际吸引力的诗意人文旅游消费场景。实现文化遗产非现场旅游，让旅游者通过前沿科技与文化遗产融合实现不与遗产本体直接接触就可以体验到独有的丰富感和亲临感，达到传播文化遗产魅力的目的。这样的传播形式可进一步增加文化遗产的旅游机会，丰富其旅游形式，衍生出广泛社会、经济和文化价值。

从 2005 年至今，松江区始终致力于文化遗产的传承和保护工作，不断加强非物质文化遗产传承人的队伍建设。2023 年，烙画和松江棉布纺织技艺同时入选第九批松江区非物质文化遗产，松江布一直以来被誉为"松江美布"，具有丰富的历史和文化底蕴，松江也一直是"衣被天下"的棉纺织中心。以此为背景，佘山度假区可将自身资源优势与松江丰富的非遗资源相结合，打造佘山独有的非遗旅游产品。

将文化与 VR 结合，开创"文旅+"产品，让旅游者有机会在虚拟世界中亲身体验烙画和松江布的制作过程，吸引客流，创意化地促成特色文化传播。同时可以进行非遗传承人作品展出，将文化遗产的历史发展过程融入皮影戏或舞台剧，打造非遗历史文化演出。衍生非遗周边产品进行零售，打造"松江非遗文化集市"。

通过一系列文化遗产的活化项目和产品，深入挖掘文化遗产所蕴含的优秀传统文化，不仅可以激活佘山度假区文化基因，鲜活地展现和传承当地非物质文化遗产，带动当地旅游产业发展，同时可以通过"以文育人"的方式，呈现给公众更具专业性的文化，拓展文化遗产的显性功能、价值边界和溢出效应，形成融合式发展范式。赋予文化遗产生命力表现，在文化方面进一步实现共同富裕。

二、旅游演艺与旅游节事的文化创新

旅游演艺与节事活动可以通过收取场租搭建、广告、运输等费用来营造较强的产业联动，在此基础上通过购物、餐饮、住宿等与游客之间产生互动，从而获得较为可观的收入，对区域经济总量及未来发展产生良好的推动作用。

一方面，节事活动的举办需要具备主题鲜明的特点，结合佘山当地特色文化，经济自然环境等，塑造当地旅游文化精神，提升文化使命感。同时，通过相关产业的联动创造收益，打造佘山度假区节事旅游品牌，吸引客流形成长期稳定的客源和盈利模式。另一方面，旅游节事活动一般具有时间限制，在某个特殊的时间点通过大规模基础建设以及投资开发，完善配套服务，提高旅游服务质量，进一步提升旅游地接待能力，由此可以整体提高当地旅游服务水平。如果能够在松江旅游淡季进行节事活动的开发，将极大程度上调节松江旅游淡旺季的冷热不均问题，促进当地旅游可持续健康发展。同时，由于大型演艺活动或节事活动受到场地的限制，一般需要远离市中心以及经济集聚区域，因此对于松江地区空间区域发展也可以起到调节和均衡的作用，促进佘山度假区空间结构和旅游资源进一步优化升级。

佘山地理位置优越，享有"上海后花园"这一美誉，位于北亚热带季风区，拥有天然山林风光。1995 年佘山获批国家旅游度假区，发展至今拥有多个包含西国家森林公园、天马高尔夫俱乐部在内的休闲娱乐一体化旅游景观，作为上海最大旅游度假基地，佘山拥有较为成熟的配套设施及服务。在此基础上，佘山度假区可利用松江大学城的开放性与共享性特征，建构高校与社区的融合互动。结合大学城的高校教育资源优势，以及学生客群的消费偏好，推进旅游演艺与旅游节事的文化创新。

创新深化"佘山四季"的旅游节事活动，呼应"四季上海"的发展思路。春季问山，夏季问水、秋季问道、冬季问福。春季举办辰山草地古典音乐节、佘山国家森林公园兰笋文化节，以及天马山赛车体验等活动。夏季开展欢乐谷盛夏狂欢节、玛雅水上竞技、夜场喷泉秀、水上音乐节，以及植物园夜宿等活动。秋季举办上海之根松江文化旅游节、欢乐谷国际魔术节、上海佘山航空露营节、影视乐园文化艺术节、松江菊花节等活动。冬季开展佘山元旦登高祈福、欢乐谷元宵灯会等节事活动，通过文化创新展现文化松江的旅游形象。

结合上海旅游节、上海旅游产业博览会等引领性活动，增强佘山森林公园、广富林文化遗址的旅游核心功能，提升佘山度假区的品牌形象，建设新时代国家旅游度假区的全国样板。

电竞市场的持续向好使得用户数量及市场规模不断扩大，政策上也不断给出支持，随着 EDG 夺冠，电子竞技成功加入 2022 年亚运会成为正式运动项目。在此背景下，上海投入 100 亿元构建上海国际新文创竞技中心，将自身逐步打造成为"电竞之都"，而松江作为上海后花园，可以通过举办电子竞技体育赛事发展文旅新业态，将电竞业与酒店业相结合，衍生出电竞场馆、电竞内容制作、电竞直播等相关产业链，连通人工智能等数字化技术，完善游客体验，为佘山度假区商业模式带来新的契机，打造升级版"旅游 +"。

体育赛事在旅游产业链上的作用也至关重要，通过体育赛事可以带动全区域产业链条，将佘山天马高尔夫俱乐部与旅游融合，打造高端体育旅游赛事品牌，营造丰富的体验式旅游活动，促进深度参与及高互动性，通过节事消费带动周边酒店业产业升级，升级配套维护、食品安全、酒店安全等服务保障工作，通过营销推广打造品牌影响力，激活产业潜力。通过与当地相关行业名人合作，结合当地文化特色，打造精品品牌赛事，以带动佘山旅游经济发展成为形象名片。

第六节　塑造江南文化旅游新品牌

一、塑造江南会客厅的目的地品牌形象

在文旅融合的背景下，佘山度假区具有山水灵动的自然生态优势，同时具备人文松江上海之根的文化旅游品牌。佘山度假区是上海

推进高品质世界著名旅游城市建设的关键。以创建国家全域旅游示范区、国家文化和旅游消费示范城市为发展契机，应当持续塑造旅游创意的品牌形象，打造 IP 的主题创新。

佘山度假区拥有上海独有的自然山林资源，在品牌形象的塑造中应突出以自然和文化为内涵的"江南会客厅"旅游形象。目前度假区已经具备基础性旅游服务设施和高品位旅游接待潜力。"十四五"旅游发展规划为佘山度假区建设富有江南文化底蕴的世界级旅游度假区提供了承载区域和发展空间，在旅游创意的实施过程中应树立品牌形象、打造差异化产品、完善人性化服务、精细化品质管理。

佘山度假区拥有上海最高的地形资源及被誉为"上海之根"的广富林文化和以佘山天主教堂为主的海派文化等人文景观。发展思路上经历了从拿来主义到创新引领的转变，是讲好中国故事，彰显文化自信的最佳实践地。[1]佘山度假区的创意主要体现在三个方面。第一，体验业态集聚，强调感官刺激。佘山度假区的旅游产品类型丰富多样，涵盖了各种不同的体验业态。其中最具代表性的是位于佘山的欢乐谷，该主题公园集合了各种刺激的游乐设施和表演，成为了年轻人和家庭游客的热门选择。此外，佘山度假区还有植物园、赛车场等各种不同的体验业态，能够满足不同游客的需求。第二，创意业态积聚，讲好地方故事。佘山度假区还通过创意业态的积聚，讲好了当地的地方故事。例如，深坑酒店就是一个非常具有代表性的案例。该酒店在设计和装修中保留了原有的遗迹，并且在服务和体验上也注重传递当地的故事和文化。这样的创意业态能够让游客更好地了解当地的

---

[1]《佘山国家旅游度假区"十四五"旅游发展规划》。

历史和文化，增强他们的旅游体验。第三，文化景观积聚，体现文化自信。佘山度假区还强调了文化景观的积聚，体现了中国文化的自信。其中最具代表性的是广富林文化遗址。

佘山度假区目前拥有的广富林文化遗址，作为全国重点文物保护单位，发掘出土文物极为丰富，填补了长江下游新石器时代晚期文化谱系的空白。更重要的验证出上海的深厚底蕴，上海最早的城镇源于汉代。因此，广富林文化遗址是"上海之根"最具典型的代表，也是佘山度假区应着力更新的城市名片。文化创意需用文化发力、活化文化遗产，让遗产具有更强的生命活力。借鉴《只有河南·戏剧幻城》的成果经验，运用科技的方法在旅游者面前展现文化的真实触达，使旅游者与文化遗产之间拉近理解距离，实现不同时代的交流。结合松江剧场群的建设思路，塑造"佘山剧场幻城"的文化新空间。将高雅严肃的戏剧艺术形式作为文化旅游的目的地。将艺术价值和社会价值融于一体，用演出效果直观呈现松江文化和江南文化的内核。传承文化遗产的演化价值，使"佘山剧场幻城"文化新空间的旅游品牌形象落地于佘山度假区。

随着疫情的结束，旅游业焕发生机，越来越多的消费者追求文化体验，使得旅游业不断转型升级，开拓文化体验新空间。作为旅游目的地的佘山国家森林公园、月湖雕塑公园、辰山植物园等景区不仅拥有优美的自然环境，还有丰富的文化资源，这些景区可以通过增设艺术工坊、文化展厅、移动剧场、特色书店等设施[1]为游客提供更丰富的文化体验。增设艺术工坊，可以让游客在欣赏自然风光的同时，

---

[1]《佘山国家旅游度假区"十四五"旅游发展规划》。

亲身体验艺术的魅力，例如，在艺术工坊中设置绘画、陶艺、编织等手工制作区，游客可以参与到其中，创造出自己的作品。艺术工坊也可以邀请当地艺术家进行展示和交流，让游客更好地了解当地的艺术文化；增设文化展厅，可以通过图片、文物、实物等展品，向游客介绍当地的历史、文化和民俗。同时，文化展厅也可以安排演讲、讲解、讲座等活动，让游客更深入地了解当地的文化和历史；设移动剧场，可以在自然环境中进行音乐、舞蹈、戏剧等表演，让游客在欣赏美景的同时，感受文化艺术的魅力。移动剧场还可以根据不同的季节和节日，安排不同的主题演出，吸引更多的游客前来观看；特色书店可以销售与当地文化和旅游相关的图书、纪念品、手工艺品等，让游客带走一些独特的文化产品。此外，特色书店还可以设置阅读区和咖啡区，为游客提供一个放松休息的场所。通过增设艺术工坊、文化展厅、移动剧场、特色书店等设施，可以为游客提供更加丰富的文化体验，吸引更多的游客前来旅游的同时，也可以促进景区的发展和文化传承。

在"体验经济"时代，旅游者可以从中获得真实的事件体验，过去事件的本质是旅游者的现在，以文塑旅、以旅彰文，高质量深化文化旅游的融合发展，培育松江城市旅游的新功能和产业能效，用旅游创意赋能城市的有机更新。

二、塑造城市文化 IP 主题创新的宣传形象

"在旅游业中，IP 已成为现代旅游业体系的重要内容。"中国旅游研究院副院长李仲广强调。IP 经济的发展给旅游业带来新的机遇，

通过打造具有 IP 属性的旅游产品，旅游业可以更好地吸引消费者，创造更佳的商业价值。近年来无 IP 不文旅已经成为业界共识，优质的 IP 可以扩大旅游目的地的知名度、提高二次消费的转化率、带来品牌溢价，旅游业通过 IP 的打造可以从根本上解决景区同质化问题，使旅游业更具竞争力优势和可持续性。迪士尼是一个典型的动画 IP+亲子游的例子，迪士尼乐园是以迪士尼的动画 IP 为基础，结合各种亲子游乐设施、表演和主题餐厅等元素，打造的一个集娱乐、文化、教育于一体的主题公园；影视 IP+ 特色文旅的象山影视城是以电视剧拍摄场景为基础，结合当地的历史文化和特色美食等元素，打造的一个集影视剧、旅游、文化于一体的特色旅游目的地，游客可以在这里欣赏到与《长安十二时辰》相关的表演和展览，获得真实的影视场景体验，像影视明星一样亲身感受电影拍摄的场景和氛围，更好地了解电影制作的过程和蕴含的文化内涵，同时还可以了解到当地的历史文化和传统工艺等；体育 IP+ 户外运动的 Keep，结合户外跑步运动和社交互动等元素，打造健身社区。该平台提供各种跑步训练计划和挑战活动，鼓励用户参加户外跑步活动，并通过社交互动和数据统计等方式，激励用户保持锻炼习惯和健康生活方式。

　　佘山度假区拥有众多的 IP 主题优势，诸如全国文明森林公园（佘山国家森林公园），上海唯一雕塑主题的综合园林文化旅游休闲项目（月湖雕塑公园），国内项目规模和科技兼备的主题公园（欢乐谷），中国科学院与国家林业局合作共建的集科研科普和观赏游览于一体的综合性植物园（辰山植物园），融合古代玛雅文化与现代水上游乐的体验乐园（玛雅海滩水公园），上海唯一森林型生态高尔夫球场（佘山国际高尔夫俱乐部），国际汽车运动联合会和国际摩托车运动联合会认可的华东地区第一个国际标准的赛车场（天马赛车场），亚太地区第一座国际动漫 IP 主题乐园（蓝精灵乐园），世界首个建造在矿坑的自然生态酒店（佘山世贸洲际酒店）等。然而，虽然佘山度假区内的文化旅游资源类型丰富、品质优良，但是知名度和品牌影响力仍处于相对局限的状态，景区规模和文化挖掘的深度有限、品牌意识相对模糊。各主题景区之间各自为政，难以从品牌定位上形成呼应实现集聚效应。因此，需要将度假区独特的 IP 文化内涵与统一品牌塑造规划相结合，在文化旅游品牌构建过程中，创新 IP 主题的整体宣传形象。

具体而言，可从整合"上海之最"的城市文化 IP 主题形象入手，变为可以经营的形态要素，挖掘 IP 概念，整合形象要素表达产品服务的超值品质。

上海之最："最高峰、最深谷；最古老、最起源；最文化、最度假。"

最高峰：自然海拔最高点的佘山。

最深谷：负海拔的深坑秘境。

最古老：世界上最古老的地震研究机构——佘山地震台；

世界第一斜塔——天马山护珠塔；

上海现存最古老的塔——佘山秀道者塔。

最起源：文化之源——广富林文化遗址；

生态之源——浦江源。

最文化：全球规模最大密度最高的剧场群——松江旅游文化中心；

上海古文化遗址分布最多的地区——佘山国家旅游度假区；

远东第一大教堂——佘山天主教堂；

中国贮存天文资料最多的地方——上海天文台佘山工作站。

最度假：上海唯一的自然山林胜地——佘山国家旅游度假区；

上海最大的国家森林公园——佘山国家森林公园；

上海唯一的茶叶生产基地——西佘山茶园；

中国第一家少儿野外教育营地——佘山少儿营地；

全球人工海拔最低的五星级酒店——佘山世茂洲际酒店。

具体在宣传口号中设计"源、园、缘、愿"四大脉络。由"上海之最"的主线串联，实现主体形象的 IP 宣传。

根"源"：广富林、松江府、黄埔源；徐霞客的万里之行起步于佘山。

花"园"：兰笋山、月湖、百鸟苑；生态、科普、研学；地质科普教育基地。

学"缘"：哲学、宗教、天文；人类文化传承，人文领域探索。

心"愿"：引领、示范、全域；一站式旅游综合体沉浸式体验。

宣传佘山度假区的 IP 需要多种手段的综合运用，让更多人了解佘山的美丽和魅力。首先，可以将佘山度假区的 IP 主题与"上海之最"的城市文化 IP 主题形象相结合，以打造独特的品牌形象。佘山度假区拥有上海市最高峰、最深谷，同时也是上海市最古老、最起源的地方，具有丰富的历史文化底蕴。在宣传中，可以强调佘山度假区的"最文化、最度假"等方面的特色，突出佘山度假区作为上海市最重要的旅游目的地之一的地位。同时，通过多种宣传方式，如媒体网络、地铁海报、旅游平台等渠道，让更多的人了解佘山度假区的 IP 形象，增加佘山度假区的知名度和美誉度。其次，可以从"源、园、缘、愿"四大脉络入手，强调佘山度假区作为文化、生态和旅游的重要源头，以及佘山度假区所具有的森林、科普、人文、旅游等方面的特色和优势。佘山度假区有着得天独厚的自然环境，是上海市最大的国家森林公园之一，具有丰富的生态资源。此外，佘山度假区还有广富林文化遗址、西佘山茶园等著名景点，推广佘山度假区的文化遗产、自然生态、健康休闲等方面的资源，让更多游客前来感受佘山度假区的独特魅力。最后，佘山度假区除了整合资源还应通过举办一些具有代表性的特色活动来宣传 IP 形象，如举办佘山半程马拉松、佘山兰笋文化节、佘山宗教文化节等，吸引更多游客前来参观、体验和了解佘山度假区的美食、文化和历史底蕴。同时，还应该注重提升佘山旅游业的整体品牌形象和服务水平，培养专业的从业人员、注重口碑效应、推出特色产品、建立会员制度等措施，提高旅游产品的品质和附加值，打造一流的旅游服务体系，营造出独特的文化氛围和旅游体验，对于宣传佘山度假区的 IP 形象来说至关重要。总之，要宣传佘山度假区的 IP 形象，需要多种手段的综合运用。通过打造独特的品牌形象、强调佘山度假区的特色和优势、举办具有代表性的特色活动、培养专业的从业人员和提升旅游服务水平，营造出独特的文化氛围和旅游体验，吸引更多的游客前来佘山度假区旅游。

推动佘山度假区的休闲经济发展，主要应从"强 IP、强主题"破题，塑造主题创新的宣传形象，让主题型度假具备"复游"吸引力。同时，要以"深体验、慢生活"点题，遇见态度、体验生活、品尝美食、感受文化。最后，完成"佘山最境界，沉醉广富林"的命题，创建国家旅游度假区的引领效应，塑造"上海之最"的旅游目的地 IP 形象。

第五章
以数字化转型提升度假区公共服务能力

　　数字技术的飞速发展和普及应用，深刻改变了人类社会生产生活方式。正如习近平总书记在 2021 年 9 月 26 日给世界互联网大会贺信中指出的，要激发数字经济活力，增强数字政府效能，让数字文明造福各国人民。因此，应充分发挥数字技术在公共服务高质量发展上的重要作用。

　　中国旅游研究院在全国"互联网＋旅游"发展论坛发布的《全国"互联网＋旅游"发展报告（2021）》提出："互联网＋"已成为大众旅游新场景、智慧旅游新动能，中国在线旅游消费总额已达万亿元。2021 年 10 月 24 日，上海市人民政府办公厅出台的《上海市全面推进城市数字化转型"十四五"规划》也提出，要以"人民城市人民建，人民城市为人民"为重要抓手，进行重点工作建设、重点领域打造、重点工程提升等三项未来数字转型规划。其中，统筹经济、生活、治理领域数字化转型相互促进、相互赋能。针对经济数字化，推进科技、金融、商贸、航运、制造、农业等领域深层次数字化转型，助力城市高质量发展。面向生活数字化，聚焦健康、成长、居住、出行、文旅、消费、扶助、无障碍等八大方面，创造城市高品质生活。依托治理数字化，通过"一网通办""一网统管"，实现度假区高效能治理。

佘山度假区依托上海数字化转型发展契机，围绕上海市数字化转型"十四五"规划的前景，加快度假区数字化转型升级建设，推进经济、生活、治理数字化在佘山度假区的全面应用。度假区未来将基本建成数字景区基础架构，打通数据共享瓶颈，激活"吃、住、行、游、购、娱"的智慧平台，打造人人与共、人人参与的"佘山数字家园"的智慧应用场景，形成数据驱动下的景区精细治理能力、卓越服务能力，培育数字经济发展新动能，谱写出现代化数字新佘山度假区"科技之智、人文之慧、生态之美"的新篇章，实现与上海市、松江区其他条块的跨界与融合。

上海市发布的《"十四五"新城产业发展专项方案》将松江新城的产业定位为"以智能智造装备为主导，做大新一代电子信息、旅游影视等特色产业，培育生物医药、工业互联网产业"。以此为依托，基于松江新城的数字化转型发展战略与建设目标，面对多层次人群服务需求，佘山度假区应进行数字化转型，以数字化为切入口将自身升级为物联、数联、智联的新型旅游度假区，为未来创造高品质生活体验，提升各类游客全周期旅游服务感受，为国家旅游度假区数字化转型提供更多可供复制、推广的"佘山经验"。

第一节　度假区数字化转型的现状与形势

一、松江区及佘山度假区数字化发展现状

松江区按照"以数字化转型赋能产业发展和城市治理"的发展目标，全面推进城市数字化转型：一是通过把握数字化转型发展契机，推动松江 G60 科创走廊数字经济创新型产业集群建设，构建研用产一体化的数字经济新格局和"科创走廊＋数字云城＋智慧枢纽"的数字化转型功能框架；二是通过平台优势引领推进五大数字产业创新工程，与工业互联网、卫星网络、AI 超算等领域的产业基础结合，打造特色应用场景，推动数字经济在医疗卫生、文化教育、养老服务、交通出行等民生领域智慧应用建设投入，在经济、生活、治理等方面全方位赋能；三是加强市区联动，通过专题调研会、专家研讨会、挂职交流等形式为数字化转型提供经验，积极争创全市数字化转型示范区。

数字化景区是一种能够整合开发景区信息资源，为景区的服务工作、资源监测工作、资源保护工作等提供决策支持的管理信息系统，它以管理学、系统论等理论为基础，以物联网、大数据、云计算、人工智能等现代信息技术的综合运用为基础，建立有效统一的管理、服务、营销等信息系统，实现旅游要素数字化、运营管理智慧化、旅游服务个性化，以提升景区游客体验度和满意度，实现可持续发展的一类景区等先进科学技术为手段，对推动和改进公园景区的管理工作有重大意义。[1]在佘山度假区就有典型数字化景区的优秀案例。

---

[1]　郭剑：《公园景区数字化管理系统的研究与应用》，齐鲁工业大学论文 2019 年。

（一）上海欢乐谷

上海欢乐谷——中国主题公园连锁品牌、4A 级旅游景区，是华侨城集团投巨资打造的精品力作。全园占地面积 65 万平方米，拥有七大主题区，50 余台 / 套游乐设备，是年轻人、家庭等全民畅玩的主题公园之一。位于风景秀丽的佘山度假区，公园于 2009 年 9 月 12 日正式对外开放，连续数年入围亚太主题公园 20 强。

上海欢乐谷积极响应华侨城集团的数字化战略布局，致力于发展数字景区，同时结合自身实际情况，开创了一条适合自己的数字化创新发展之路。在过去的十年中，上海欢乐谷先后推出了十余项智慧化管理和服务业务系统。近期，为了巩固"上云入湖保安全"的数字化新基建，上海欢乐谷通过实现信息数据的大综合和打破数据障碍，全方位提升了管理水平和运营能力。

开园至今，上海欢乐谷秉承"常建常新、常玩常新"的经营理念，先后进行了 9 次区域改造和项目升级。近年来，上海欢乐谷立足于"时尚、动感、青春、激情"的品牌个性，积极探索"文化＋节庆""文化＋演艺"等多元业态模式，将先进的游乐设施和多彩的节庆活动内容相结合，打造了新春国潮节、国风华服节、EV 电音节等一系列深受年轻群体喜爱的文化节庆活动，致力于将其打造成一个经得起市场检验的用户情感载体 IP。借"造节"之势，上海欢乐谷实现了"文化＋"的创造性转型，进而向长三角区域乃至全国标志性 IP 的目标奋进。通过打造丰富的节庆活动，上海欢乐谷不再是单纯的主题公园，更是传统文化的中转站，让游客寓教于乐的同时感受博大精深的中华文化魅力。

上海欢乐谷全面提升景区管理、业务数字化，进一步实现数字资产国产化。实现数据洞察分析，数据孤岛数据消除，发展票务服务、游览引导等综合服务职能，从业务操作层、经营管理层、决策及风险管控层三个层级同步推进平台建设，发挥现代信息技术的优势，实现管理监控动态化、服务水平高层化，减少旅游管理支出成本。

（二）上海辰山植物园

上海辰山植物园是一座集科研、科普、观赏游览于一体的 4A 级综合性植物园，占地面积达 207 公顷，由上海市政府、中国科学院以及国家林业和草原局合作共建。以"精研植物，爱传大众"为使命，面向人类健康和城市生态环境建设需求，充分运用现代技术，形成植物多样性与保育、代谢与资源植物开发利用、园艺与生物技术三大特色鲜明的研究方向，建立了上海市资源植物功能基因组学重点实验室等 3 个省部级以上的科研平台。十多年来承担 400 余项国家及地方项目，发表论文 1200 余篇，出版专著译著 101 部，获得专利授权、软件著作权等 104 项，培育植物新品种 102 个。

目前，上海辰山植物园在信息基础建设、智慧化管理、智慧化服务、数字化营销、新技术应用、信息安全和植物信息化技术成果上均取得长足进展。

未来，上海辰山植物园将进一步结合"一网通办，一网统管"的对接要求，探索实现随申码购票和一站式入园；打通景区已有信息系统接口，整合数据并实现统一发布，实现景区统一化管控和智能联动预警，同时加强园区综合管理和应急水平，实现人、事、物线上和线下相结合的闭环管控，更合理、快速地分配各类服务资源，全面推进园区数字化转型。

（三）上海世茂精灵之城主题乐园

上海世茂精灵之城主题乐园的户外深坑秘境区推出了一系列新颖有趣的游乐项目，提供独特的沉浸式乐园体验。游客们可以在这里尽享崖壁边惊险刺激的大摆锤游戏、高空滑索等多种游乐项目，适合各个年龄层的游客尽情享受。

该主题乐园最受游客欢迎的项目之一是"网红打卡点"——玻璃栈道。这是上海第一座建在悬崖边的玻璃桥，附着于深坑崖壁之上，让游客们置身于绝佳的景色中，远眺瀑布和碧空，尽收酒店、采石栈道、鸽子洞等美景。此外，该主题乐园还设有全室内的亚太地区首家蓝精灵主题乐园。蓝精灵主题乐园分为两大区域——蓝精灵区和茂险王区，其中蓝精灵区又包括森林区、村庄区、格格巫的家等区域，茂险王区则包含更丰富多样的项目，例如地震局、糖果世界、深坑地心历险记、星际翱翔、数码职业体验、茂险王碰碰车、灵石卡丁车、奇境翱翔、6D探索世界等。最新的"大型摩天轮"项目——深坑之眼，成为了松江区最大的摩天轮之一，带给游客360度全景佘山美景。总之，上海世茂精灵之城主题乐园是一个既精美又好玩的去处，值得游客前往放松游玩。

（四）广富林文化遗址

"先有松江府，后有上海滩"，"先有广富林，后有松江史"。为了保护和发掘"上海之根"，广富林遗址公园于2009年开工建设。在十年的精心打造之后，广富林已经成为了一条穿越古今的文化长廊。从古朴、浑厚的朱雀门到金钟台，从徽派的古宅到唐风的禅寺，从小家碧玉的江南园林到恢弘壮丽的皇城王府，从身藏水下的文化展厅到以古老馒头窑为形态的古瓷馆，各种不同风格的建筑相互融合、共同存在，每一个细节都蕴含着独特的建筑思想和文化传承的意义。

广富林不仅在古代孕育了灿烂的广富林古文化，也是上古时期东吴东部文化、政治、经济和交通中心。采用原生态保护和呈现了考古遗址的方式，能使人感受到最原汁原味的田园风光和农耕生态文化。遗址内还有文化展示馆、考古遗址展示馆、酒店商业区等[1]。来到这里，不仅能寻古访今，还能参与更多精彩活动，考古亲子研学、国风市集、我在广富林修文物系列、一尺花园"沉浸式实景音乐会"酷炫演出、小小地质家、广富林游园会……

作为首批上海市数字化景区，未来上海世茂精灵之城主题乐园和广富林文化遗址将会从信息基础设施、智慧化管理、智慧化服务、数字化营销、新技术应用、信息安全等六个维度作为建设内容，使景区进行模式创新、服务创新和科技创新，进一步提升游客出游体验和景区管理水平。

度假区未来数字化发展目前仍处于规划整合阶段，其中欢乐谷、醉白池、辰山植物园等景区已实现试点数字化运营：松江醉白池公园公众服务号中不仅有360度全景导览，还有融合了人文故事、园艺科普和线下活动的"掌上醉白"智慧服务，实现从线上种草到实地打卡的闭环。欢乐谷推出了"花小橙"的 App 软件，成为度假区相关文旅企业首款数字化体验平台。"花小橙"可以为游客提供覆盖出游全周期、全场景的服务，提供在线购票、在线预约、在线虚拟排队、年

---

[1]　唐真、冯乔玉、吕圣东：《文化空间视角下考古遗址公园保护利用探析——以广富林文化遗址公园为例》，《建筑与文化》2022 年第 10 期。

卡绑定、旅游攻略、会员中心、积分商城等多种功能。

二、佘山度假区数字化转型面临的问题

　　总体来看，佘山度假区的数字化运营工作局部有亮点，但整体规划与融合工作仍存在缺失，数字化建设仍存在部分问题：基础设施布局不足，集约化程度有待提高，整合数据能力不强，未形成一体化平台；线上数字化建设亟待加强。公众号平台应用有限，实时客流未真正应用，仅停留在展示阶段；干部数字化思维、数字化认知水平不一，运用数据说话、数据决策、数据管理、数据服务的能力不够平衡，数字化把握能力、引领能力、驾驭能力有待提升；对于公共数据和私有数据边界划分模糊，数据使用和流通规范缺位，数据价值利用面临诸多瓶颈，数据要素资源市场化尚未破题；数据归集、共享、开放规则、规范有待深化和构建。

（一）文旅信息服务不全

　　佘山度假区作为松江文旅重要部分，数字技术应用仍停留于表面，信息技术基础设施仍有待完善。具体表现为：信息化基础设施布局不足，集约化程度有待提升；物联网规划部署不足，数据整合共享能力有待加强；数据资源应用水平有待提高，信息共享存在"孤岛"和"烟囱"现象；度假区与松江的城市发展目标有一定脱节，缺少数字化与交通、餐饮、购物、导览等生活服务的深度融合，创新效率较低、运营成本较高，无法有效服务于松江文旅版图，等等。

（二）产业联动不足

松江区数字化转型稳步推进，G60科创走廊产业集群的建设，工业互联网、AI超算、5G、人工智能、物联网、网络空间安全、数字孪生等新技术全面融入城市生产生活，但度假区的文旅产业与之联动较少，未能实现与5G、AR、VR、云计算等高新技术的有效融合，抑制了松江整体休闲度假游、历史文化游、乡村亲子游进一步高质量发展。

（三）数据联通不畅

数字时代，数据作为关键的生产要素可以参与价值创造。佘山度假区底层基础信息资源和共性技术支撑平台建设薄弱，难以支撑业务无缝对接，各部门数据在逻辑层面仍然相对独立，业务应用系统建设难以实现信息共享、互联互通和快速部署。

在此背景下，度假区各单位的数据确权有待破题；公共数据与私有数据边界划分模糊，数据交易、流通规范缺位，数据价值利用面临诸多瓶颈，数据要素资源市场化尚未破题；度假区没有针对数据使用和信息共享出台专门的规章制度，造成度假区内"数据孤岛"现象较为严重，难以实现信息共享、互联互通、快速部署。这不仅影响了游客游玩的整体感受，也制约了文旅企业的协同能力，降低了度假区整体化"数据"为"效益"的运营效率。

（四）数字人才不够

数字文旅的发展，迅速扩增了人才体量的需求，并且对人才的综合能力提出了更高的要求，尤其是具有综合知识的复合型人才、"数字＋文旅"新领域的运营人才等需求为最。目前度假区各运营条线主要缺少两类数字人才：一是具备专业信息化知识，完成数字化转型具体落地工作的人才；二是具备综合运营能力，从文旅与数字化深度跨界、融合视角设计数字化转型工作的人才。度假区可以结合自身实际情况，尽快制定数字化转型发展人才规划，加大城市数字化转型复合型人才的引进和培养力度，组织开展面向度假区领导干部、企业家和业务骨干的各类教育培训，进一步增强发展景区数字化转型的认识和能力。建立人才培养、引进、流动和使用机制。依托松江大学城的平台、G60科创走廊入驻企业的契机等，开设数字化能力素质提升培训班。鼓励周边高校为度假区培养数字化工程技术、应用技能的"数字工匠"和卓越人才。设置专业数字化运营部门及团队，或与第三方专业机构深度合作，解决当前数字化人才缺少的问题。以数字链推动人才链优化升级，以数字化融合提高人才资源配置效率，打造与新发展阶段相适应的人才体系。

第二节　度假区数字化转型的原则与体系

大数据、5G、人工智能等新型信息技术的出现标志着人类社会正在进入以数字化生产为依托、以万物互联为目标的全新历史阶段。数字文旅是一种以文旅消费为中心，以互联网为载体，将数字技术和信息通信技术应用于文旅产业各个环节的新产业形态，其本质是将数字技术与文旅产业进行深度融合，实现新一代沉浸式、体验型文化旅游消费。

松江文旅局在"十四五"发展规划中提到，要推进文化和旅游数字化、网络化、智能化发展，推动 5G、人工智能、物联网、大数据、云计算、北斗导航等在文化和旅游领域的应用。以此为契机，佘山度假区开展数字化转型体系建设工作，需要参考和借鉴国内外景区成熟的模式，设立体现佘山度假区特色的数字化发展模式。

一、数字化建设原则

习近平总书记曾在进博会指出，开放、创新、包容的上海市正逐渐成为世界的"会客厅"、各国客商洽谈商务的世界级平台。目前上海市正在升级综合旅游服务中心，着力建设集游憩服务、旅游交通、便利辅助服务、安全保障服务等功能于一体的数字化平台，打造便捷、友善、舒适度高的"城市会客厅"，为世界文旅行业提供"上海模式"。在此背景下，佘山度假区的数字化建设工作务必遵循五点基本原则。

（一）坚持"党管数据"，坚持以人民为中心

完善党领导数字化发展的体制机制，把党的领导贯穿在智慧佘山建设全过程，形成各方各级协力推进数字化改革的生动局面。坚持市场主体地位和发挥市场配置资源决定性作用，在竞争性领域坚持智慧应用服务的市场化，在社会管理和公共服务领域积极引入市场机制，树立以"人民至上、共建共享"为导向的建设理念，以解决智慧景区建设，进而实现群众、企业、基层的数据联通，通过数字度假区的建设，提供多元化、个性化智慧服务，增强游客和区内市场主体的获得感、幸福感和安全感。

（二）坚持一体化公共数据平台理念

坚持统筹整合、系统集成，响应松江智慧文旅的发展，形成区域一体化文广旅体数据库，建成横向部门业务协同与业务联动能力，实现度假区各街道互联互通，依托一体化智能化公共数据平台，集约有序推进数字度假区建设，加强数据共享、业务协同，通过流程再造、制度重塑，全面提升景区的服务、治理和决策水平。

（三）坚持数据公共服务原则

从数据采集源头，到数据应用对象，形成数据生成和数据应用的数据全生命周期闭环机制。围绕旅游公共服务、旅游行业监管等应用场景，制定旅游数据采集和管理服务规范，同时加强对公共数据资源在采集、存储、应用等环节的安全评估，完善数据安全维护、管理措施，为市场主体和游客提供规范的数据公共服务。

（四）坚持数据的深度挖掘与分析

从纵向和横向两个维度，建立度假区数据互联互通、政企共建共享的旅游数据仓，夯实数据资源目录，实现"数出一门"。摆脱大量无效、低频、僵尸的数据仅仅用来"看看"的窘境。通过建立有效的数据模型，在旅游市场研判、旅游安全预警等方面实现智能应用，建构"用数据说话""以数据谋划"的一屏掌控数据分析服务体系。

（五）坚持数据的开放、安全及可扩展原则

数字化转型规划应在保证信息系统的稳定、业务快速发展和数据安全的前提下进行，充分考虑未来建设的安全、稳定、可靠，考虑系

统的柔性、健壮性、容错性、兼容性、开放性及扩展性。充分考虑业务板块的多样性及未来发展趋势，采用开放性的体系机构。构建智能便捷的数字服务体系，各类信息互联互通、数据共享交换、流程并联协同，使人人成为数据的生产者、使用者、治理者、获益者。构建政企合作、社会参与的开放生态体系，构建鼓励公共数据和社会数据共建共享的包容审慎机制，加强数据全生命周期安全管控。

二、数字化支撑体系

（一）积极建设数字化经济体系

　　充分发挥数据作为生产要素的积极效应，打造度假区的"智慧大脑"，充分利用松江区在工业互联网领域的先发优势和雄厚的先进制造业产业基础，聚焦工业互联网、人工智能、5G、大数据、物联网等先进技术与制造业融合发展，推动智能制造产业升级，连通政府侧和市场侧、生产端和消费端，构建"智能化管理、智慧化服务、数据化决策"流程架构，汇总、整理度假区中已有的数字化应用，从价值产生的视角进行重新布局，形成"数据—服务—政策"的良性互动与商业闭环，通过数字化赋能，实现文化旅游融合发展，建设全域旅游示范标杆。

（二）创新驱动数字产业发展

　　以打造全国数字旅游度假区引领地为导向，以数据为纽带，深化治理与商业发展融合，助力国家新一代人工智能创新发展试验区建设。在度假区内尝试人工智能应用、无人驾驶车辆接驳等创新试点，强化科技创新赋能文旅产业发展，鼓励松江科创企业利用度假区资源开展科创产品或服务尝试，主动助力数字产业发展。

（三）努力推进数字服务业变革

加快推动数字化向更多更广领域渗透，实现信息技术与实体经济深度融合，在度假区数字服务业变革中，积极建设云服务平台、数据中心等基础设施，鼓励企业上云。建设数字服务中心，扩大数字技术、数字内容、数字服务，发展在线数字化旅游、数字化购物、数字化导览。推进公共服务和旅游行业管理数字化、智慧化，拓展基于位置的服务（LBS）和数字货币（DC/EP）购物应用场景。

第三节　度假区数字化转型的模式与场景

一、数字化模式

文旅领域的数字化模式可以重点参考徐汇区大数据中心，打造智能便捷的基础教育数字化公共服务体系，加强各类信息系统的流程协同、数据联动和资源共享。以佘山度假区为试点，按照松江区实际情况，重点在面向游客、企业、管委会三方面实现突破：一是建设面向游客的电子票务系统（包括售检票系统）、导游导览系统、虚拟旅游系统、Wi-Fi 服务、智慧厕所、交通联动平台等；二是商务层面建设具有营销功能的分销系统和电子商务系统；三是建设度假区管委会层面的数据分析中心和综合管控平台。

综合国内外景区（公园）的数字化发展经验，有 5 种典型发展模式可以作为度假区的重点参考方向。

（一）"游客中心"模式

新加坡旅游数字化的发展始终坚持"以游客为本"的基本理念，通过旅游业务和信息通信技术的逐步融合，探索出了特色鲜明的旅游信息化发展道路。

1. 交互式智能营销平台

新加坡旅游局于 2010 年在原有旅游品牌"非常新加坡"的基础上，发布了更具个性化的"Your Singapore；我行由我，新加坡"旅游战略营销品牌，推出了具有划时代意义的交互式数字智能营销体验平台，为游客打造定制式的个性化旅游享受体验，这也标志着新加坡旅游数字化时代的正式到来。借助这一交互式智能营销平台，游客可以根据个人的喜好直接在互联网上定制自己的新加坡行程，包括旅游路线规划、旅游签证、酒店预订、机票购买、活动预订、交通选择等。游客通过平台能获得个性化游览新加坡的行程，充分感受到属于自己的独特旅游体验。

在实现层面，交互式智能营销平台通过整合网站与电子商务在线旅游、搜索营销引擎、SNS 社交网站及手机游等系统，实现了一体化的旅游服务。游客通过交互式智能营销平台能够按照家庭旅游、商务游览、艺术与文化旅游等不同旅游者身份，以在线视频、图片的方式身临其境地在线云浏览新加坡的风光景点、地道新加坡特色饮食、商场购物活动、住宿环境与价格、机票特惠、特色传统文化活动、巴士与地铁线路等各类生活文化信息，并且可以通过邮箱及时订阅新加坡最近发生的动态，了解到新加坡的新闻、即将举办的大型节事庆典活动等信息。

最具吸引力之处在于，游客可以及时通过该平台分享自己在新加坡的旅游经历，以多媒体形式向社交网络上的好友展示所见所得，从游客视角全面展示新加坡。通过社交网络平台，新加坡的整体旅游形象曝光度大大提升，吸引了大量的潜在游客群体；管理方也通过收集社交媒体上的游客感受与反馈，不断优化新加坡整体旅游形象，提升旅游满意度，这正是新加坡旅游局与社交网络平台合作的初心所在。

2. 智能化数字服务系统

游客到达新加坡后，亟须权威、综合的旅游信息服务平台提供旅行信息，并能够在旅程中实时访问。针对这一需求，新加坡专门开发了智能化数字服务系统。该系统以无线网络形式为载体，将新加坡旅游业中不同服务供应商的服务内容整合起来，根据不同游客的需求"画像"个性化推送相关服务信息。系统更加关注如何提升游客的旅行体验，身处新加坡的游客可以通过互联网、手机、公用电话亭、交互式电视和游客中心等各种渠道获得一站式旅游信息和服务支持，涵盖"食、住、行、游、购、娱"六大领域，凸显了权威性和便利性。与此同时，游客也可通过该系统购买相关的旅游商品和所需的服务产品。总体而言，该系统提供广泛的、多样化的、更具有针对性的个性化信息服务，涉及游客行程之前、旅行途中、出游结束三个主要环节，游客在出行之前即可规划自己的新加坡之行，以在线支付预订的形式完成在新加坡的一切注册登记，为整个新加坡的行程带来了极大的便利。

（二）"目的地中心"模式

东京通过旅游平台 Go Tokyo 展现和推广本地文化、打造城市形象名片，打造丰富、完善的旅游生态系统。平台由东京会议及观光旅游局出资搭建，实现文化旅游信息及资料综合的联通、共享。Go Tokyo 着重突出日本本土旅游资源的资讯内容设计和推广，重点围绕日本热门的动漫作品，系统性地将景点和周边的动漫展、动漫商店、动漫酒吧等各类动漫主题资讯相互融合，向前来"朝圣"的二次元动漫迷充分展示东京的魅力。Go Tokyo 还围绕东京当地的部分精品、小众旅游主题和场所，深度结合东京的历史和传统文化，推荐有民族风情和民俗特色的出行地点和娱乐项目，通过专门针对外地或入境游客的"当地人爱去之处"专栏，为游客展示本地人推荐的景点和项目，使其能够领略独特的"日本"文化传统与风情。

通过与猫途鹰（Trip Advisor）平台进行无缝衔接，Go Tokyo 还为全世界的游客提供完善的服务体验。作为覆盖全球的旅途出行服务供应商，猫途鹰不仅拥有覆盖全球酒店、餐厅、航空公司以及旅游景点的资讯和预定功能，还拥有庞大的用户基数。Go Tokyo 在信息发布、筛选、预定和社交功能的搭建上与猫途鹰进行深度合作，游客利用平台可以实现"无跨越"式旅游服务预定，既实现了政府提升旅游体验满意度的意图，也为商业平台精准顾客画像提供了数据。

（三）"技术中心"模式

纽约依靠"虚拟纽约"平台，将市民常用的纽约地铁线路图、城市共享单车、车辆租赁等第三方 App 统一纳入展现，实现"线上一个平台，线下有效对接"的实用型旅游数字化模式。平台主要构建纽约旅游的数字生态圈，将生活服务、交通出行、社交分享、预定筛选等各类第三方独立开发的专属旅游工具纳入其中，一方面有效弥补官方旅游应用在功能上的不足，为商业机构提供更多机会；另一方面也整合了游客的服务需求，依靠智慧旅游服务提升纽约旅游形象。

在核心特色方面，平台主要通过虚拟现实技术，充分展示纽约极具时尚感、科技感的大都会形象。纽约官方旅游网站利用平台，实时展示主要景点和热门活动的线上游览渠道，以视频录像、活动直播、数字展览、实时视频交流、社交媒体发布和虚拟游览等方式，在数字平台上呈现纽约的时尚风貌特色，让世界各地的游客足不出户就能感受纽约文化。看似"足不出户"，实际上引发了游客实地探访的好奇心，是实现"线上到线下"转化最为直接的体现。

（四）"平台中心"模式

"一键游云南"由云南省属国企云南交通投资建设集团有限公司和云南省投资控股集团有限公司共同出资搭建，腾讯旗下云南腾云信息产业有限公司负责平台的开发和运营。在云南"一键游"项目中，政府负责协助解决数据获取、公共服务接入等工作，同时协调景点资源联合开展本地服务；腾讯则利用其大数据及数据分析能力，基于云南省旅游数据，有针对性地进行产品开发，并派驻专业管理团队进行运营，实现经营运作市场化。

"一键游云南"架构设计为"三个平台＋一个数据中台"的模式，即游客平台、商家平台、政府平台加数据中台。产品针对游客、旅游商家和政府，分别开发了较为完备的功能。从架构视角来看，云南模式与度假区数字化转型模式较为匹配。

游客服务（C端）是"一键游云南"的主营业务之一。在C端平台上，国内国际游客可以实现"一部手机游云南"，获取本地旅游资讯、公共服务、文化教育等全方位服务。其中较为热门的功能包括教育科普类"识花识草"、公共服务类"找厕所"、政府反馈类"游客投诉"。

商家服务（B端）平台主要实现三大功能：商家平台接入和宣传推广、商家信息管理、导游及旅行社信息认证。在商家端，平台有数字营销、旅游资源批发两项主营业务。数字营销，即借助大数据平台，为云南本地旅游产业商家提供更精准的在线营销推广服务；旅游资源批发，即平台统筹规划，对旅游资源进行拉通整合以及打包销售，推进旅游产业链上各商家之间的合作。

政府服务（G端）平台的建设使得"一部手机管旅游"成为可能，主要功能包括投诉处理、30天退换货处理、商家监管。政府端的主营业务有两项：一是数据赋能政府统筹安排、服务政府进行数字化旅游产业规划；二是推进数字产业建设，省内承载智慧小镇建设、美丽县城的智慧服务、高原湖泊治理等功能。

此外，"一键游云南"接入了高速收费服务、云南健康码查询等附加功能，在交通出行、新冠疫情管理方面为游客和政府提供了更大的便利。

（五）"体验中心"模式

作为世界级主题乐园，迪士尼通过数字途径和工具，提高了现有业务模式效率；迪士尼 App 成为每个游客游玩时离不开的"小助手"。除了 App 外，迪士尼还引入各类数字创意到自身应用中，比如：为更好地服务游客，公司开发了可帮游客预订主题公园项目的 Fast Pass+ 服务；为方便游客高效游玩，减少等待时间，公司开发了预订和规划游览路线的 Magic Band 手环。特别在新冠疫情期间，迪士尼 App 应用展现出了极大的运营效能，减少了游客排队时间和接触几率，引导游客的游玩路线，鼓励游客线上自助购物和预约就餐。疫情期间的游客行为数据，同样为迪士尼后续优化园区布局，制定紧急方案提供了一手资料，是旅游行业化"危险"为"机遇"的典型应用。

二、数字化应用场景

（一）数字化弘扬历史文化

围绕上海之根、人文松江，重现马家浜文化、崧泽文化、良渚型文化、广富林文化和江南文化，启动数字化文物保护修复计划，扩大文物修复范围，有序开展松江区文物保护，加大文物真实感建模与虚拟展示。加快打造松江数字文化资源库，重点推进顾绣、锣鼓艺术、新浜马歌、余天成堂传统中药文化、上海剪纸、皮影戏等非物质文化遗产的保护，运用数字多媒体技术，开展数字化记录工程。运用 5G 技术、VR 智能设备等推进数字文化馆、线上博物馆建设，深化"人文松江"公众服务应用，再现松江文物和文化，提升松江数字文化事业产业水平。

（二）数字化推进文旅资源库创建

深化文旅专题库建设，推进各类文化和旅游资源数字化管理。探索数据资源与文旅资源优化配置、深度融合发展体制机制，推动旅游产品数字化转型。完善数字文旅公众服务应用，实现"数字游佘山"。同时搭建度假区无障碍数字化公共服务平台，深化景区无障碍数字助游服务。加快旅游集散与咨询中心、游客服务中心等平台数字化迭代升级，实现用户线上触达功能。

（三）数字化加快智慧旅游综合体建设

以度假区智能场馆服务建设为主线，构建典型应用场景，实现书香之域、书画之城、文博之府、影视之都的数字化转型，为参观游客提供专业知识讲解、购票、室内导航、特许商品、美食、出行、景点等一站式智能参观服务，提升公共服务体验。

（四）数字化支撑智慧交通信息服务体系

目前，在度假区交通领域，最突出的矛盾在于景点泊位难以满足大客流需求。停车时，车辆长时间排队等待和寻找车位造成的拥堵进一步加重了交通负担。基于此，需要以松江地区综合交通业务库为基础，以综合交通地理信息平台、智能交通仿真平台、监测预警分析平台、智能算法服务平台为支撑，解决"行难"问题。对于度假区交通问题，可采用社会车位资源错时共享和停车换乘措施、交通和票务信息联合服务建设（区域内部车位随门票预约）、有车位停车场移动端导航、道路交通路况和停车信息诱导等信息服务手段，控制进入度假区机动车规模，均衡内部和外围停车资源利用，减少找寻车位无效绕行和盲目排队拥堵，净化度假区交通环境，提升游客交通出行的便捷性和满意度。

（五）数字化创建智慧酒店生态体系

根据佘山度假区定位，确定智慧酒店类型、客户群体，对客户大数据进行合法获取、合规分析，合理打通移动端、酒店管理系统、客户关系管理系统三方信息互联，输出高精度的用户画像，并制定系统化、个性化营销策略，实现全生命周期管理，打造智慧酒店智能化和专业化的生态体系。同时酒店加强评估自身投资能力、客户消费能力、客户对智慧化产品的需求（如会议预定、客房指引），结合酒店定位、客群特征、综合预算，制订适宜的智慧解决方案。

（六）数字化打造智慧景区服务模式

景区的游览服务是影响游客整个行程体验质量的核心环节。依靠智慧游览服务导览，游客可通过扫景区二维码在手机上看到整个景区的地图，优化游览路线。景区还可以在游览服务中融入虚拟现实技术（VR）、增强现实技术（AR）等，实现沉浸式游览体验。

在景区智慧化购物服务方面，自助贩卖机可以成为小件旅游纪念品的主要销售平台，游客可以在景区内实现自助购买。景区可以只设置一处商品展示店，鼓励游客在游览环节借助各种社交网络渠道进行购买，小件商品随时可得，大件商品在商品展示店或者酒店提取。度假区也应积极争取上海免税政策，引入中免集团等文旅免税商品头部企业，打造佘山度假区智慧免税购物中心。

第四节　度假区数字化转型的目标与路径

一、数字化转型目标

佘山度假区数字化转型目标是围绕游客在度假区的各类需求，推进度假区智能安防、智慧服务、数字交通、数字文娱等终端设施合理布设。搭建佘山度假区数字平台和线下服务机构，推出游客在线获得服务和咨询的"热线"，加快度假区智能化升级，优化度假区资源配置，满足游客精准化、个性化需求，推动数字赋能绿色度假区，打造虚实融合的交流空间。以下将从文旅、经济、生活、治理四个方面阐述佘山度假区数字化转型目标。

（一）构筑智慧文旅江南会客厅，引领高水平度假区

上海市文化和旅游局发布《上海在线新文旅发展行动方案（2020—2022年）》，方案提出"主动顺应全球新一轮信息技术变革趋势，依托各项技术，推进文化旅游融合发展，推进上海国际文化大都市和世界著名旅游城市建设"。2023年1月，上海数字文旅中心的正式启用标志着上海在全国率先上线文旅专业领域"两网"大厅，上海文旅营商服务集成创新和市场治理数字化转型迈入新阶段。更多实战管用、基层爱用、群众受用的应用场景也将陆续推出，上海文旅打造最优营商服务平台正在由"施工图"转变为"实景画"。该中心投

入使用后，将以"一网同办""一网同管"为核心平台，以文旅大数据为技术支撑，以市场主体获得感为评价标准，以"全域感知、全数汇融、全程协同、全景赋能"为功能特色，将上海数字文旅中心打造为上海文旅智慧治理的新平台。

松江作为"上海之根""文脉之源"，是展示上海智慧文旅融合发展的重要门户，应充分发挥文旅综合赋能作用，全面聚集文旅优势资源，符合城市发展新趋势和新理念，让新城更美、更宜居、更宜游、更便捷。共同推进以人文松江为特质的全域旅游高质量发展，努力将松江新城打造成践行"人民城市"理念的旅游实验区，引领高品质生活的人文科创旅游之城。佘山度假区是一个集山见长、以水为辅、中西合璧、古今交融的自然人文游览区，是全国首批 12 个国家旅游度假区中经国务院批准建的唯一坐落在直辖市的、面积最大的国家级旅游度假区。由此，聚焦佘山国家旅游度假区，用智慧文旅装点"江南会客厅"，彰显"佘山大境界，问根广富林"。把握住度假区 10.88 平方公里的核心区，利用度假区现有的旅游资源，通过数字展示，推出便民出行方案，让度假区旅游资源实现智慧服务，融入市民日常生活空间，提升公共文化和旅游服务能力。佘山度假区的数字化转型，不仅服务于游客，也与度假区覆盖的"三镇一街一区"数字化建设体系紧密协作。积极拓展度假区智慧互联的文旅价值链，构建跨界融合的产业链，将佘山度假区打造为上海智慧文旅的会客厅，成为上海文旅的"数字名片"。

（二）培育新兴在线经济产业，实现高质量度假区

中国在线新经济蓬勃发展，新基建赋能千行百业，供需回暖相互促进，经济新动能持续发力。2020 年 4 月，上海发布了《上海市促进在线新经济发展行动方案（2020—2022 年）》，提出到 2022 年末，将上海打造成具有国际影响力、国内领先的在线新经济发展高地。上海市文化和旅游局印发的《上海在线新文旅发展行动方案（2020—2022 年）》也要求，要主动顺应全球新一轮信息技术变革趋势，依托大数据、云计算、人工智能及 5G+4K/8K、区块链等新技术，加快推进上海文化旅游融合发展，加强文旅业态模式创新、服务创新、管理创新。

在线新经济已成为驱动经济增长的新引擎，佘山度假区应把握住新机遇，在上海大力发展在线新经济的基础上，鼓励各类内容创新、技术创新、模式创新、场景创新，以创新促应用，以应用促建设，为用而建，建用一体，不断拓展各业态信息技术应用的广度和深度，切实增强信息化对度假区生产、生活、生态的支撑、引领、带动效用。鼓励景区、酒店、餐厅挖掘数字技术的应用场景，创新线上文化和数字化旅游公共服务建设，支持在线旅游、直播云游、智慧文博等新业态、新模式发展壮大；支持智能终端、服务机器人、虚拟现实、增强现实及混合现实等技术在景区、酒店、休闲街区、文博场馆等场所消费场景中的应用。以欢乐谷景区为例：欢乐谷推出云上打卡；与游戏公司合作，推出欢乐谷小程序闯关玩法，线上通关后，可获取线下游玩机会，通过线上体验驱动线下消费，建立游客与景区间的联系。2022 年新冠疫情后，欢乐谷以创新为动力，通过预售特惠年卡、抖音直播试水、抖音套餐上架等举措寻找新的契机。在抖音巨大流量的加持下，欢乐谷通过短视频曝光，平台团购套餐销量数据日益增长。基于线上的积极布局，线下流量逐日递增，这使上海欢乐谷坚定了加大生活服务推广力度的决心。

度假区的数字化转型将积极引导在线旅游企业、线上文化企业向公共服务领域延伸，开展面向游客需求的个性化、增值型收费服务。"在线"只是一种形式，更重要的是构建在线经济的新发展格局，在原有基础上打造新的数字消费场景，坚持以应用场景为动因，以业务需求为导向，从功能型消费转变为数据型消费，从一次性消费转变为持续性消费，从单一产品消费转变为联网型消费，从个体消费转变为社群消费。拓展公共服务链条和社会服务便捷化、智能化、个性化、时尚化消费空间，开展智能化交互式创新应用示范，引领带动数字创意、智慧旅游、智慧文化等新产业新业态发展。数字经济下的"互联网＋旅游"模式将互联网作为一种资源要素，利用其数据、信息等功能服务于旅游行业，为文旅赋能。该模式为文旅的发展提供了新的引擎：一方面为行业转型升级提供了新的战略方向，另一方面提升行业的服务能力，满足游客日益增长的个性化和深度体验需求。如：面对疫情等特殊情况，度假区可以与企业合作，通过举办线上音乐节、文创节等方式带动景区宣传发展；大数据可以给游客提供更加个性化的和满足需求的推荐；线上购票和人脸识别让游客无需排队买票就可入园，等等。

（三）构建普惠数字生活场景，打造高品质度假区

在信息化的时代下，需要留住消费者的注意力，经营佘山度假区粉丝群体，进行社群、KOL（关键意见领袖，Key Opinion Leader）营销，建立起品牌的长远影响力，从而实现线上流量到线下留量的转化，并形成复购效应、口碑效应。数字技术赋能度假区各类文旅业务场景，依靠持续输出的创新能力，提供优质的文旅产品、完善的游客服务体系、丰富的游客互动体验都是度假区实现从"流量"到"留量"的关键。如：通过大数据可以对景区进行舆情监控，在及时了解游客诉求提升服务质量的同时，可以更清晰地定位景区的营销和推广方向。传统景区通过在线旅游平台的深度介入，利用这些平台的社交生态链的关系粘性，形成以游客个体为传播节点，将社交平台线上的海量流量导入实体景区的裂变式营销，逐渐形成景区的主流营销模式，并通过大数据分析，对游客潜在需求进行预测，运用算法实施个性化推送，并通过"关联推荐"等技术，增加附加消费的可能性。再如：佘山公园可以学习"蚂蚁森林"的营销方式，在线上引流，让游客通过线上小程序了解佘山公园的未来规划图景，推出森林公园私人定制的模块，吸引游客搭建个人"理想林"。在线下举办"理想林旅游节"等活动，把线上"流量"聚集到实景中，留下游客的私人记忆。

此外，度假区应大力推动旅游和数字科技深度融合，加快智慧景区更高质量建设，提升新型基础设施能级，构建数字孪生景区基础空间中台、数据中台、应用中台和人工智能中台为主的数字景区的数智底座，全面推动度假区应用数字化转型和数字经济发展。在景区内推进5G网络全覆盖、全息互动投影、环（球）幕、VR/AR/MR等扩展现实和人机交互技术的创新运用，加快培育数字化旅游体验新场景。如：将月湖雕塑公园打造成"夜精灵"公园，主推夜间游玩形式，打造数字夜经济，让游客在每一季度都有机会装扮成"精灵"的模样，在公园内尽情展现自己，结合灯光、投影等技术让"精灵"与公园内雕塑、自然山水融为一体，让游客成为公园里"移动的艺术品"。同时，每月举办音乐盛典，做到一月一主题，利用摇滚、流行、现代、古典、爵士等多种音乐形式丰富公园展现样态，利用新媒介做好宣传营销，让度假区通过夜经济留住游客。

鼓励在度假区内开展各类旅游在线节庆活动、赛事和展会，推出一批沉浸式体验的云上旅游品牌，让景区和酒店联动，聚焦节庆、赛事等打造主题活动，进行一体而个性化的"换装"。如：佘山国际半程马拉松。该赛事开辟了从"上海之根"到"上海之巅"的人文风情赛道，从欢乐谷出发，途经佘山国家森林公园、广富林遗址公园、广富林郊野公园，并穿越月湖雕塑公园、辰山植物园等松江景点，展示松江旅游、文化、体育、城市建设等风貌。在赛事期间，可以创新结合佘山文化引入灯光秀、音乐秀、歌舞秀，让跑步爱好者在跑步同时置身其中，增加马拉松比赛的趣味性与体验感，打造佘山国际半程沉浸式马拉松赛事。

（四）建立全域高速治理平台，推动高效能度假区

构建佘山度假区集运营调度和应急处置指挥于一体的"智慧大脑"。建成覆盖全度假区重点区域的物联、数联、智联三位一体的新型区域物联专网建设，更充分掌握度假区运行基本体征，助力"智慧大脑"触角延伸、功能拓展、反应提速。

通过内部的数字化建设工作，实现佘山度假区 5G 网络和固网宽带专线全覆盖。综合运用 GIS、BIM 和 3D 建模技术，推进物联网感知设施建设，融合全区域、全空间、全时态的空间数据要素集，建设度假区全域数字信息模型基础平台，连接人、物、空间、事件，对景区运行进行实时映射，科技部署视频图像、检测传感、控制执行等

无人化、非接触式感知终端，实现旅游要素全面人工智能物联网化（AIoT）。以数据要素为核心，加强数据治理，优化数据质量，建立健全跨景区、部门数据共享流通机制。以统一的数据标准规范、全条线覆盖的数据资源以及丰富的数字化应用为载体，联动协同政府、企业、社会等涉旅信息系统业务，有效推进基于大数据的景区治理能力和管理能力的提升。按照松江"十四五数字化转型"规划中统一门户入口、统一接入管理、统一用户授权、统一资源共享、统一安全防护"五个统一"要求，与智慧松江集约化的应用中台并联，搭建"轻量化、集中化、共享化"的旅游治理和服务中枢，汇聚多源异构数据，实现态势全面感知、风险监测预警、趋势智能研判、资源统筹调度、信息多维分发。

通过外部的数字化建设工作，度假区将对接"一网通办、一网统管"平台，以"数据集中、资源整合、业务协同、服务创新"为主线，着力构建以"一站式、一窗通"为核心的"一网通办"构架。全面推进线上线下度假区服务流程再造、数据共享、业务协同，实现各景区统一业务平台，统一用户和统一登录。实时发布旅游景区游客量、道路出行、气象预警等信息。建设如"乐游上海"文旅线上门户，变革"佘山国家旅游度假区"微信公众号运营方式，完善数字化、信息化建设。加快佘山度假区布局数字化旅游咨询服务中心，提升旅游公共服务数字化、便捷化水平。推进度假区内厕所数字化建设，适时提供信息查询、线路导航、意见反馈等服务。充分运用电子证照赋能，打造"随申码·文旅·佘山国际旅游度假区"公共服务平台，实现二维码和身份证、社保卡均在度假区贯通的"一码（证）畅游"。

二、数字化转型路径

　　建设佘山国际数字旅游度假区，需实现旅游数字化整体性转变，全方位赋能、革命性重塑，利用数字化夯实旅游"产品品质"基础。在生活、产业、交通、服务、治理五个方面持续赋能，从而实现佘山度假区数字化转型，完成高品质国家旅游度假区的构筑，增强度假区辐射带动作用，将佘山度假区建设成为科创人文生态全域旅游示范区、国家全域旅游标杆区和国家文旅融合创新发展示范区。

（一）生活数字化赋能

　　聚焦佘山度假区旅游综合体发展，与"三镇一街一区"共建，主打东、西佘山及周边区域 10.88 平方公里的核心区建设，重点开发核心区域数字化转型。通过跨界、融合，辐射当地居民，让松江区居民享有当地权益。从本地居民角度，可乘度假区数字化转型的"顺风车"，实现本地居民生活数字化。从游客角度，让数字化赋能生活，唤醒游客记忆，通过传统佳节、传统习俗，透过记忆拉近游客与度假区之间的距离，在线领取"佘山度假区文化守护人"电子荣誉证书。佘山度假区绽放传统文化魅力的同时，让全国各地游客都可以成为度假区佳节的见证者、共创者、传承者。最终，让本地居民和游客都可以感受到生活数字化后温暖的力量。

1. 旅游资源数字化

　　佘山度假区拥有上海佘山国家森林公园、上海月湖雕塑公园、上海欢乐谷、上海辰山植物园、广富林郊野公园等优质休闲度假资源。此外，度假区内配有上海佘山国际高尔夫俱乐部、上海天马赛车场、天马乡村俱乐部等休闲场所。结合区域人文历史，融合多种旅游资源，把中华优秀传统文化蕴含的价值内容与数字技术的新形式新要素结合，让度假区文旅资源"活起来"。推进线上为游客定制出行方式，给出游览意见，实现一键式预约、一键式出行、一键式服务。通过智能"一键式"减少游客出行麻烦，保证度假区了解游客习惯，提供24小时服务，营造家的氛围，提升游客体验，成为"知冷知暖"的佘山度假区。

2. 节庆活动数字化

关注佘山元旦登高、兰笋文化节、佘山森林旅游节等节事活动。带动当地居民参与、融入到节庆活动中。聚焦"节庆＋科技"，建立佘山度假区"数字化""科技感""人文情"的节庆旅游品牌，让节庆日成为本地人的集体记忆，带动上海节庆旅游数字化发展。例如，佘山度假区与游戏公司合作，推出节日主题系列活动并在新媒体平台进行宣传推广。在2020年端午节期间，《王者荣耀》推出主题包装，其中有粽山环伺，龙舟顺着水波推行而出的回城特效，配合如火如荼的王者峡谷龙舟赛，整个峡谷都萦绕着热闹、欢欣的节日氛围。通过"游戏＋节庆"跨界合作带动佘山度假区发展，探索边界，推陈出新。让佘山本地节庆活动通过跨界数字化，走入更多人的视野中。

（二）产业数字化赋能

依托当今云计算、大数据、物联网、人工智能（AI）、虚拟现实、区块链、3D打印等数字技术支撑，对佘山度假区产业链上下游的全要素数字化升级、转型和再造。打造基于垂直数字供应链的服务平台，推动上下游产业的数字化进程，将不同产业共构链接，形成同向数据流转，提高园区的服务效率。全面激活数字产业化引擎动力，加快释放产业增量动能。把握产业技术变革及数字化、融合化发展方向，推动数字产业化。通过互联网的多样性和广泛连接，为游客和传统文化的活化带来新的方式，而传统文化的融入也为度假区、产业业态升级打开了思路，成为了度假区与用户情感上的连接点。

一是重塑产业传统。度假区内传统景区、酒店、文娱、餐馆迫切需要新的发展模式，数字科技为传统文旅转型升级带来的新希望，让传统地标成为数字科技应用创新的重要场景。重塑度假区产业运营模式，例如通过在线定制景区配套的 IP 房源、预定带有佘山元素的主题餐厅、在线定制景区游览路线等方式，助力传统文旅蝶变。

二是优化产业分工。提升景区、住宿、餐厅的智能化水平，实现精准化营销、个性化服务。同互联网科技公司合作，开发佘山度假区推荐系统，通过在线平台，高效为游客推荐目的地，按需定制散客、团队度假方案，促进产业提质增效。

三是孕育产业业态。度假区消费需求升级催生出共享经济、平台经济等新业态。推动度假区形成新一代在线预约系统，建设共享电动车租赁平台、机器人服务、直播云游等智能新方式，鼓励业态融合创新，加速数字产业化形成。此外，由于游客在景区数字化过程中萌生出的新需求层出不穷，所以度假区需要思考如何引领游客的新思路、新想法、新消费。在旅游多元化产品供给方面，度假区应利用现有的流量资源将原有的资源进行转化。例如，数字藏品作为景区数字化发展中的一种创新模式，将景区资产进行线上转化。

（三）交通数字化赋能

随着人工智能技术的发展，智慧交通应用场景在不断增加，智慧交通数字化转型也成为万众期待。《中国可持续交通发展报告》指出，到 2035 年，中国将基本建成交通强国。5G、智能物联网、GIS 技术全面推动智慧交通从 1.0 信息化迈向 2.0 数字化阶段。佘山度假区亟须构建数字孪生管理系统，建立三维虚拟模型，对人、车、路、环境、信息等交通要素能够全面感知和泛在连接，为游客在度假区出行提供便捷交通服务。在"新基建"提速的背景下，度假区智慧交通的实践落地仍需要在四个方面继续深化。

一是核心层方面。以数字技术为核心的"数字基建"，在度假区建设 5G 行业专网、云计算平台、交通大数据系统、交通智慧应用等数字交通体系，以数字技术建设智慧交通数字平台，形成面向安全、效率、体验的度假区数字化智慧交通系统。

二是支撑层方面。以数字技术为依托的智慧交通基础设施，需要建设围绕人流、车流和物流服务的数字化基础设施，基于数字平台将度假区内交通运行流、行车流、旅客流等业务流程数字化，从而支撑度假区内部高效的运营和科学的决策。

三是辐射层方面。以数字技术为辐射的交通中转站，推动度假区小交通良性发展。度假区与政府联动，为防止资源浪费，解决专车利用的潮汐现象，工作日为度假区内工作人员、出游游客免费提供出行服务。节假日，度假区采用线上预约模式设置"度假区共享单车"、"度假区新能源汽车"专用车，在度假区内采用一级电子地图，优化度假区内专车停放。

四是展示层方面。构建以数字技术为展示的终端大屏，在景区游

客服务中心设置互动屏幕，及时展示度假区实时交通，方便游客随时
了解度假区共享单车、新能源汽车等专车应用情况。配合客户端，将
大屏实时数据内容共享到手机等电子设备，便于游客在出行过程中随
时查看附近租车、停车等情况。此外，开发 AR 眼镜在交通情景下的
应用，游客利用眼镜掌握路况信息，戴上眼镜后脱离原有的环境，享
受当下科技与生活交织的技术革新与便捷服务。

（四）公共服务数字化赋能

为提升度假区公共服务能力。数字治理已成为治理现代化的重要
驱动力，是提高度假区服务能力的重要手段。依靠大数据和数字技术
改进度假区公共服务，可有效促进公共服务均等化、拓展公共服务的
覆盖半径、打破城乡"数字鸿沟"。通过在线方式，欠发达地区与经
济发达地区均可享受佘山度假区同样的线上服务资源，从而为经济欠
发达地区提供借鉴，带动落后区域发展。从人本角度出发，在线平台
打造也为更多潜在游客提供了解上海的窗口。

1. 以人为本，营造数字化温度

在数字化时代，人们生活方式不断变革，注重服务场景的细节，
让游客感受到数字化的温度，做数字化的见证者。美好宜居的度假胜
地，度假区要下好"一盘棋"。基于云计算应用，结合移动互联网、
物联网、人工智能等技术打造新型智慧度假区，开发"食、住、行、
游、购、娱"六大旅游要素为一体的佘山国家旅游度假区"电子导
游"系统。引导旅游景区普及电子地图、线路推荐、语音导览等智慧
化服务，推出一批数字景区典型样板，游客扫描二维码便可详细了解
度假区内所有旅游景点信息，实现"想去哪、就到哪，走到哪、讲到

哪"。针对不同游客开发特色产品，佘山度假区针对相较于青年人更具用户粘性的残障人士、老年人群体，适于开发 App 提供公益服务、文艺活动等；面对善于学习、目的性强的家庭、中青年群体，更倾向于开发便捷数字产品，如微信小程序等。

2. 宾至如归，提升数字化服务

推出数字文创、在线设计、新零售等方式提升在线品牌影响力。创新佘山度假区数字内容服务，提升佘山度假区线上运营，利用小红书、抖音、快手等在线文娱，推广度假区活动。探索"云度假"等文化服务新模式，陪伴游客随时线上度假。构筑度假区数字网络，围绕游客出行动态、购买意愿，推动智能"无接触"服务，推出一批沉浸式体验的云上旅游品牌。让游客在度假区的生活数字化，建构旅游综合体，数字化赋能，把人的感受作为最终评价的标准，建立群众评价机制，以人的需求推进数字生活的"进化"。让数字化有精度，有速度，更有温度。

3. 云上文旅，加快数字化升级

完善度假区公共文化服务功能，开发在线资源，生产并提供丰富的在线文化艺术演播、文化教育、非遗传承等文化服务产品。通过声、光、电的数字化科技手段，配合佘山度假区当地景观，创造人无我有的佘山故事。研发"云展览""云赏艺""云公教""云文创"等具有度假区特色、场馆特性的全景在线产品，打造丰富、集中、便利、高效的沉浸式文旅服务互动体验。如：广富林遗址通过在线平台实现云打卡，利用抖音等短视频平台，招募讲解员线下解说，线上分享，扩大广富林遗址文化影响力与辐射面。学习敦煌 IP 开发模式，开展线上文创设计，引入增强现实技术，满足游客体验心里，让千年文化在实地游览过程中跃然纸上，增强游客心里意象与旅游体验。

（五）度假区治理数字化赋能

1. 建设度假区指挥中心

打造旅游数据仓、旅游服务平台和营销平台，全面建成集大数据采集、分析、应用于一体。根据系统数据，实时分析游客数量、客流分布、购票情况、出行习惯等，保证所有景区的工作人员对游客的管理要求应知尽知，为游客提供实时信息，提升旅游的服务和体验。此外，借助人脸识别闸机、实名制小程序打卡系统，实现对游客身份信息、进出景区的精细化管理，进一步为景区封闭管理、人员信息等方面提供技术与数据支持。

2. 建设度假区监控中心

基于智慧 AI 安防系统强大算法与数据处理能力，完成度假区中的景区、酒店、餐馆等智慧安防监控系统建设，包含安防监控、视频监控、智能监控中心等，通过可视化的管控平台，对景区重要区域、存在安全隐患区域实现全天候、全天时的自动监测和防范，第一时间为度假区中游客的安全保驾护航。利用"AI 大脑"实现智能管控，与人工服务结合，在提高效率的同时降本增效，形成良性运转的安全防护有机整体。

3. 建设度假区协同中心

借助信息化管理手段，佘山度假区可以有效增强管理团队的协同效率，通过线上留痕记录、线上数据分析，为管理加持赋能，助力经营决策，为线下管理降低成本、提高效率，为游客创造更舒适的体验环境。同时在确保数据安全的前提下开放数据，促进政企数据双向流通。

4. 建设度假区应急中心

由于疫情对于文旅行业的冲击，景区、酒店、餐厅等旅游场所随时面临被迫"熔断"，特别需要做好度假区的安全管理工作，加强度假区相关行业数字化应急管理队伍建设。从当前新冠肺炎疫情防控状况来看，应急管理数字化水平亟待加强。尤其对于信息的公开透明、疑似感染人员的追踪、防疫物资调配等问题要通过数字化手段做到自动汇集、自动预警、自动提供方案。通过数据驱动度假区治理变革，把握舆情导向，完善突发事件应急处置机制，建立智慧度假区数据应急中心，当舆情等突发状况来临后，最大限度整合已有数据源，提供处理预案。

（六）数字化转型的配套政策

在赋能度假区数字化转型过程中，推动数字经济建设发展，离不开文旅大数据信息技术服务。依托度假区的旅游资源与本地人文，借助云计算、5G、互联网等新兴技术融入到度假区的建设中，形成度假区数字经济产业发展的新产品、新服务。在转型发展过程中同样离不开配套政策的扶持。

一是完善制度体系。建立项目化推进机制，打破政府条线壁垒，设立小组工作制度。完善度假区数字化转型联席会议、数字基础设施建设、智慧电子政务项目管理、数据安全保障等。

二是整合数字资源。度假区全域内所有景区、酒店、餐饮等资源建立数字连接，实现基础资源数据、监测数据、业务数据等各种鲜活数据对接整合，实现数据集中存储、统一分发，消除数据孤岛、共建共享。

　　三是引进新型人才。制定度假区数字化人才发展战略，建立人才培养、引进、流动和使用机制。重点关注"数字工匠"的培养，开设数字化转型专题人才培训班。普及数字化知识与技能。加快培育懂部门业务、懂数字技术的复合型数字化改革人才。

　　四是探索数字生态。打破度假区固有文旅思维模式，树立"游客即居民"的理念，将预约、支付、出行、政务、产品等无缝嵌入到数字平台中。不管是居民还是游客都可以享受到数字平台服务。如利用微信小程序、随申办等数字平台打通内外资源。度假区通过"走出去"和"引进来"两种方式构建开放生态，实现无处不在的智能化应用。

　　五是设立众创基金。鼓励团队、个体在数字化领域创新、创业。一方面依托松江大学生资源，举办佘山度假区数字创新创业大赛，搭建投融资渠道，对接具备较强科创能力的团队，孵化研究成果，鼓励松江区大学生科技创业带动就业。另一方面培育当地企业创新发展，营造产业链创新的众创空间。组建高质量数字化顾问与智囊团，提供项目扶持基金与政策保障，让数字化创业团队无后顾之忧。

第六章
以元宇宙技术重塑江南文化体验

　　近年来，我国政府高度重视数字经济发展，将数据明确定义为新型生产要素。2017年12月8日，习近平总书记在中央政治局第二次关于"实施国家大数据战略"话题的集体学习中提出，"数据是新的生产要素，是基础性资源和战略性资源，也是重要生产力"，要构建以数据为关键要素的数字经济。十九届四中全会首次提出将"数据"作为生产要素之一参与分配，标志着我国正式进入"数字经济"活力大规模释放的时代。2020年4月9日，《中共中央国务院关于构建更加完善的要素市场化配置体制机制的意见》对外公布，作为中央第一份关于要素市场化配置的文件，明确了要素市场制度建设的方向和重点改革任务。这一次，数据作为一种新型生产要素写入文件中，与土地、劳动力、资本、技术等传统要素并列为要素之一。《意见》明确，加快培育数据要素市场，推进政府数据开放共享、提升社会数据资源价值、加强数据资源整合和安全保护。中共二十大报告提出"加快发展数字经济，促进数字经济和实体经济深度融合，打造具有国际竞争力的数字产业集群"的任务。数字经济的崛起与繁荣，赋予了经济社会发展的"新领域、新赛道"和"新动能、新优势",正在成为引领中国经济增长和社会发展的重要力量。

第一节　元宇宙与文旅深度融合

一、元宇宙概念辨析

元宇宙(Metaverse)的概念最早诞生于 1992 年美国科幻作家尼尔·斯蒂芬森(Neal Stephenson)的小说《雪崩》(*Snow Crash*)中,它描述了一个与现实世界平行的网络世界超元域(Metaverse),现实世界中的人都有一个数字化身(Avatar),人们通过这些虚拟手段进行互动和生活。2003 年,Linden 实验室将上述理念变成现实,向公众发布了在线游戏"第二人生"(Second Life),用户可以创建一个数字化身,在虚拟世界中生产、消费、互动、交往,营造一个与现实生活相平行的虚拟世界。2021 年被称为"元宇宙元年",在这一年中产业界发生了一系列标志性事件:3 月 10 日,号称"元宇宙第一股"的游戏平台公司 Roblox 首次将"元宇宙"概念写入招股说明书中,并成功在纽交所以直接上市方式发行股份,交易首日市值超过 400 亿美元;10 月 28 日,扎克伯格宣布,Facebook 将正式更名为 Meta,希望用五年左右的时间将其打造为一家元宇宙公司,并且宣称元宇宙才是互联网的未来;11 月 3 日,微软在 Ignite 上发布了 Mesh for Teams 解决方案,一个在虚拟空间中基于混合现实功能实现协同工作的云平台,不仅使在线会议更个性化、更具吸引力和乐趣,它还是通往元宇宙的门户。

元宇宙现象不仅是一次商业风暴，同时也引起了学界的高度关注。中外学者基于各自学科背景进行了多维探索。被誉为"元宇宙商业之父"的 Matthew Ball 近年来发表了一系列文章，系统性介绍了元宇宙的定义、特征和应用。他将元宇宙定义为：大规模、可互操作的网络，能够实时渲染 3D 虚拟世界，借助大量连续性数据，如身份、历史、权力、对象、通信和支付等，可以让无限数量的用户体验实时同步和持续有效的在场感。[1] 清华大学张辉等认为："元宇宙是由数字化技术所构建的，数字化虚拟世界和现实世界能够在一定程度上共存共生的数字样态。其技术体系以人工智能算法、大数据和高性能计算平台为驱动内核，以扩展现实技术和数字孪生技术等沉浸式技术为感知外延。"[2] 清华大学沈阳等认为："元宇宙是整合多种新技术产生的下一代互联网应用和社会形态，它基于扩展现实技术和数字孪生实现时空拓展性，基于 AI 和物联网实现虚拟人、自然人和机器人的人机融生性，基于区块链、Web3.0、数字藏品等实现经济增值性。在社交系统、生产系统、经济系统上虚实共生，每个用户可以进行世界编辑、内容生产和数字资产自所有。"[3] 向安玲等提出，元宇宙并非一个严格意义上的学术概念，它既是一种互联网应用形态，也是一种社会组织形态。[4] 复旦大学赵星指出："元宇宙是包含了一系列信息

［1］　Ball M. The Metaverse: "What It Is, Where to Find it, and Who Will Build It", https://www.matthewball.vc/all/themetaverse, 2020 年。

［2］　张辉、曾雄、梁正:《探微"元宇宙"：概念内涵、形态发展与演变机理》,《科学学研究》2023 年第 5 期。

［3］　清华大学新媒体研究中心:《2020—2021 年元宇宙发展研究报告》,https://www.sohu.com/a/491309561_120855974，2021 年 9 月 22 日。

［4］　向安玲、高爽、彭影彤:《知识重组与场景再构：面向数字资源管理的元宇宙》,《图书情报知识》2022 年第 1 期。

等产业前沿技术、一大批几乎涉及所有领域的应用场景和大部分传统与新兴产业升级的横断性概念"，更为合理的用词是"数字空间"。[1]

综合以上观点，元宇宙的概念具有开放性特征，相关知识会伴随着技术和应用的突破而不断发展，尽管目前尚未形成共识，但对其认知的方式必然将采取系统性视角，至少应从如下四个层面进行理解和把握：

（一）在技术应用层面，元宇宙并非某一种特殊领域的技术突破或创新，而是对于一系列前沿技术的应用性整合，包括但不限于物联网、区块链、Web3.0、扩展现实、脑机交互、数字孪生、大数据、云计算及人工智能等多重技术。通过上述技术组合，为创造虚实交互、万物互联、虚拟共生和虚实融合的数字空间提供了技术上的可能性。随着数字技术的发展创新，一定会有更多先进手段被纳入到元宇宙的工具箱中，同时也对带宽、算力等基础建设提出更高的要求，另外，不同技术之间的融合协作和网络安全也是新问题和新挑战。

（二）在生产方式上，元宇宙具有去中心化、群智赋能、跨界融合的基本特征，以创作者经济为内核，强调价值共创，辅以去中心化金融 DeFi 等更为开放透明的金融系统，降低交易成本，进一步释放UGC、C2M、AIGC 等以用户需求为导向的生产潜能，提升实体经济生产效率，进一步满足人民群众对美好生活的需求。然后由于去中心化金融系统过于依赖智能合约和技术架构，而后者相较于传统信用机构和运行体系而言，缺乏稳定性和安全性，近期接连爆雷的数字交易

---

［1］　赵星、乔利利、叶鹰：《元宇宙研究与应用综述》，《信息资源管理学报》2022 年
　　　　第 4 期。

事件充分体现出，去中心化金融系统远非理论描述中那样安全透明。

（三）在社会形态上，元宇宙具有组织自发化、社交虚拟化、身份数字化、场景具身化等特征，在很大程度上突破了传统社会的时空局限性，人与人的交往将更加全面普遍，协同合作的方式也将更加便捷有效。但现有上述现象也严重冲击现有的社会治理体系，当前的社会伦理、规章规范、法律制度建设中对于数字人格、数字资产、数字交易、数字组织和数字行为后果等关键问题还缺乏清晰的界定，对虚拟世界中出现的现象和新问题缺乏规制手段。

（四）在存在方式上，元宇宙具有一定的客观性、独立性和真实性，重构了人与自然、人与社会和人与自我的关系，它不仅是一种数字化生产工具，还是前所未有的数字化生活空间与生存方式，极大地延伸了人类自我理解和自我发展的可能性，同时也提出了全面的挑战，即虚拟世界与现实世界的关系问题，如何充分发挥好数字世界的功能？奠定好数字社会中的伦理关系？规范好数字世界的交易规则？处理好数字世界的边界？等一系列问题。

二、元宇宙赋能文旅融合

目前，Roblox、Minecraft 和 Fortnite Creative 等平台上的日均在线用户已经过亿，这些平台不仅限于在线游戏开发和运营，还将业务触角延至商业零售、休闲娱乐、旅游体验等领域。2020 年 4 月，美国歌手特拉维斯·斯科特（Travis Scott）用其数字化身在游戏平台堡垒之夜 Fortnite 上举办了一场直播演唱会，收获上亿人次观看，收入高达 2000 万美元，而他的线下演唱会收入大约为 100 万美元左右。

根据花旗银行和毕马威会计师事务所的数据，到 2030 年，元宇宙每年可以产生多达 13 万亿美元的收入；高盛预测全球收入可达 2.5 万亿至 12.5 万亿美元；麦肯锡的预测数值则为 5 万亿美元。英伟达的创始人兼首席执行官黄仁勋（Jensen Huang）认为，元宇宙的 GDP 最终将超过物理世界。

自 2018 年中央推进大部制调整以来，文旅融合成为旅游发展的主旋律，"以文促旅、以旅彰文"成为文化与旅游融合关系的重要注释，具体而言，文化要为旅游注入内容和灵魂，而旅游要成为文明传承和文化彰显的重要手段。在上述理念指引下，实践中涌现出诸多现象级内容创新，比如文化大省河南近年来推出的"唐宫夜宴"等产品业已形成旅游影响力，但同时也遇到很多问题，比如历史场景的复建和文化精品的打磨，都需要大量人财物和时间投入，因而，要将抽象的文化故事、形式和环境实现在旅游空间中，是一项极其浩大的工程，投入与产出往往不成正比。随着元宇宙的到来，上述矛盾的解决出现了转机，我们可以尝试借助元宇宙实现文化与旅游更为紧密和深度的融合。这种元宇宙赋能文旅融合的方式，至少体现为以下几个领域。

（一）激发原创性内容与 IP

上海迪士尼乐园的成功经验告诉我们，内容与 IP 是文旅产业实现可持续发展的决定性因素，相比而言，我国本土文旅企业的竞争力相对薄弱，主要缺失的也是具有市场感召力的原创性内容和 IP。导致上述困境的主要原因与生产机制有关，传统文化产业主要以 PGC 为主要生产形式，这是由于文化产业的专业性和资源稀缺性造成的。

进入互联网时代，尤其是元宇宙到来之后，由人工智能主导的、集PGC、UGC、AIGC于一体的模式将会大行其道，AI、物联网和VR/AR等技术设施将敏锐地捕捉用户数据，并在此基础上即时化批量化完成定制化个性化产品，文化内容的生产将呈现多元化爆发式增长，以满足不同年龄不同阶层和不同偏好的用户需求。上述内容生产的进步，恰好可以弥补当前文旅产业创新力不足、产品单一、内容同质化的一系列问题。

新冠疫情暴发以来，故宫博物院快速反应，借助数字化手段将文物展陈搬到线上，对70多万件文物进行数字化处理，每年以8万件左右的速度推进，极大地突破了原有展示空间的限制，用AR立体导览为游客提供多条特色线路，并在沿途精心设置文物彩蛋，让文物"动"起来，让人物"活"起来，让文化"热"起来，大大提升丰富了游客的在线体验。

敦煌莫高窟始建于公元336年，现有洞窟735个，壁画4.5万平方米，彩塑2000多个。敦煌莫高窟的文物保护与游客参观之间始终存在着尖锐的矛盾，国内外游客慕名而来，无不希望亲眼目睹敦煌石窟的恢弘壮丽，然而参观人次越多对文物保护的挑战越大。2020年，敦煌研究院与人民日报新媒体、腾讯联合推出了"云游敦煌"小程序，以数字化创新方式在一定程度上解决了上述矛盾。小程序中展示了敦煌石窟的2700余幅壁画和彩绘，不仅将敦煌壁画演绎成活灵活现的动画情景剧，更为用户提供了配音、剪辑和定制等互动环节，让游客在精致生动的创意文化氛围中了解敦煌文化。2022年6月还推出了首位数字敦煌文化大使"敦煌仙子伽瑶"，以全时直播、在线讲解等功能开拓了敦煌文化艺术传播的新范式与新业态。伽瑶原型来自敦煌壁画中的神鸟"迦陵频伽",服饰配色和设计灵感也都有据可循,将古典神韵与实时驱动等技术完美结合,构建出历史与当下的数字交汇,受到了"Z世代"消费者的热烈追捧。

四川省文物考古研究院联合央视新闻频道和阿里云、北京理工大学等机构,依托大规模算力和云端即时渲染等技术,推出国内首个大型沉浸式云考古节目《三星堆奇幻之旅》,呈现了"三星堆考古发掘大棚""三星堆数字博物馆""古蜀王国"三个虚拟场景,观众既可以近距离观赏文物细节之美,又可以鸟瞰遗址空间布局和考古挖掘现场,沉浸式游览神秘的古蜀王国,实现了历史教育、成果展示与文化活化的多位一体化创新应用。

米哈游科技有限公司依托中国传统文化和独特自然风光,打造了一款征服海外市场的爆款游戏《原神》,自2020年9月上线以来,平均每半年收入10亿美元,以13种语言在全球多平台同步上线,用户覆盖200多个国家和地区。米哈游开辟了一条游戏联动旅游宣传的独特路径,与黄龙、张家界、桂林等国家级5A级景区开展合作,把奇绝瑰丽的大好河山以数字化的形式植入游戏剧情中,文案、情节和背景音乐也尽可能选取传统元素,贴近传统审美,让中外玩家在游戏过程中耳濡目染,感受神州大地和中华传统文化的无穷魅力。在线下,米哈游与上述景区联合推出了"从驻足到远行"活动,在景区内设置游戏打卡点,积极探索"游戏+文旅"跨界联动的商业模式,引发国内外用户的热情关注和强烈反响。上述"以游戏为载体的文化传播和旅游宣传推广模式探索"使得米哈游成功入选了国家文化和旅游部"2022年文化和旅游数字化创新实践十佳案例"。

（二）打造体验性产品与服务

近年来，在我国旅游业发展趋势中已经呈现出从观光游向体验游的转变，尤其是在疫情影响之下，文化体验型旅游产品格外受欢迎，比如位于上海临港新城的上海天文馆一票难求，各类文化展览和博物馆也成为重要的旅游吸引物，但总体而言，现阶段市场上的文旅产品和服务中，体验仍是亟待提升的短板。之所以难以提升，主要原因在于旅游业是典型的劳动密集型产业，产品和服务的完成效果往往严重依赖服务人员的专业水平，而旅游人才队伍建设近年来萎靡不振，人才流失严重，进而影响到游客体验的低水平徘徊不前。元宇宙赋能文旅产业，可以显著地改善上述困境，通过 AI、区块链和扩展现实等技术替代人工，为游客创造具有沉浸氛围的旅游环境，既可以降低成本，又可以实现服务和体验的标准化。比如数字虚拟人在旅游业中的广泛应用，在不远的将来将会替代很多导游职能，由 AI 为游客提供个性化定制化的解说词。

2022 年 7 月 22 日，国家博物馆与腾讯联合打造的第一位数字员工"艾雯雯"正式入职，成为国家博物馆的一位特殊新员工。艾雯雯拥有丰富的知识储备和讲解技能，对国家博物馆 140 余万件馆藏文物了如指掌。更为重要的是，它拥有超强的自学习和自适应能力，能够在海量用户数据中不断学习掌握用户习惯，将专业知识与用户需求快速匹配，在很大程度上解决了国家博物馆讲解员不足的问题。

虚拟数字人比较早的应用场景是直播带货，抖音平台上培育出一众虚拟达人，柳夜熙、AYAYI、LING 等虚拟人物在外观上几乎可以以假乱真，在人设、穿搭、调性上也更贴近 Z 世代消费者，其带货能力并不亚于真人主播，而开发和维护成本则远远低于后者。目前虚拟人已经进入旅游目的地宣传领域，并一再制造热点话题。2022 年 7 月，云南大理州政府联合李未可、伊拾七、PCYY 等抖音虚拟达人，共同打造了"大理元宇宙版城市大片"，获得了 44.5 亿的播放量，登上了抖音同城话题榜榜首。在 2022 年国庆期间，李未可数字人家族参与了"云游中国乐享假日"活动，化身为"云游中国"的十一出行领航员，种草各大旅游景点。与此同时，李未可的制作团队还将推出扩展现实产品，与其种草内容同时投放，将技术与体验深度结合，拓宽虚拟数字人在文旅领域的应用场景和变现模式。

交互技术的创新应用也为文化场馆的展陈方式提供了全新的可能。2018 年，NeuroDigital、Geometry Prague 和 Leontinka 基金会与捷克国家博物馆联合推出了"Touching Masterpieces"VR 实验展，使用虚拟触摸反馈等技术帮助视障人士"看到"馆藏珍品。开发人员通过数字技术改进艺术品的三维激光扫描图像，然后将阴影转化为编码，并转换为特定振动模式。观众戴上专用的 Avatar VR 触觉手套后，可以通过细微详尽的触觉来感受艺术品的每一处细节变化。

（三）创新共享性场景与社交

元宇宙为旅游过程中的陪伴关系带来了新的可能性，游客既可以在路上享受宁静的私人空间，也可以在具有纪念意义的场合邀请亲友陪伴，共享此时此地的美好。上述场景在传统旅游活动中是很难同时在一个产品中实现的，但是元宇宙赋能文旅之后，就使得上述场景成为可能，技术将大大改变游客在路上的社交行为，元宇宙所能够实现的社交关系，绝不仅限于旅途中的图片或影像分享，而是更为及时和亲密的互动，将此在与遥在、独行与同游这一系列矛盾融为一体，根据用户需求而任意搭配。

航空业受疫情影响非常严重，航班数量和客流量双双下降，在行业普遍焦虑中，日本全日空航空公司将视野转向"旅行元宇宙"业务，旗下公司 ANA NEO 与游戏工作室 JP GAMES 联合推出了交互式虚拟旅游平台：天鲸 SKY WHALE。天鲸项目将为全球用户提供虚拟旅游体验和专属的在线购物场景，用户可以在其中畅游全球景点、参与社交互动和主题活动，该项目选取的第一个虚拟旅游空间是京都。天鲸项目以"超越时空的客机"为概念主题，构建了天空公园 Sky Park、天空商城 Sky Mall 和天空村 Sky Village 三个服务体系，天空公园以世界各地的旅游景点为背景，打造沉浸式虚拟主题公园；天空商场以机场购物店为灵感打造虚拟购物空间，支持跨境电商和全球采购；天空村提供医疗、教育等公共服务，打造数字城市和数字社区。在用户端，游客使用专用 App 自拍后，可自动生成与个人特征相一致的虚拟游客形象，邀请亲朋好友共同游览虚拟鲸鱼腹中的京都街景。全日空计划在 2023 年内完成 5 个类似于京都的虚拟旅游目的地，并上线实景中的旅行套餐，游客可以在虚拟旅行中选择满意的主题路线，并直接预约下单。全日空预计在 2025 年，天空公园将接待 5900 万人次游客，天空商场年度销售额将达到 3000 万亿日元。

由于梵高的作品处于不受版权保护的公有领域，近年来以梵高作品为主题的数字化展陈极为丰富，其中，"梵高：沉浸式体验"（Immersive Van Gogh）引起了全球的热议。该项目由 Exhibition Hub 与 Immersive Hub 合作开发，结合 360 度沉浸式投影、氛围光和立体音效来展示梵高的 300 多幅画作，展现梵高的生活和工作场景，游客可以跟随梵高的脚步，一起在虚拟世界中散步，甚至感受到大自然的美妙气息。该项目之所以能够从类似主题的展览中脱颖而出，最重要的在于通过技术实现观众的视角转换，从旁观者转变为创作者，这也是数字技术赋能文旅场景的重要探索方向。

近期非常值得关注的现象之一，是数字藏品的应用场景和商业模式实现了快速迭代。奢侈品牌古驰（Gucci）在 Roblox 上创建了 Gucci Garden 项目，Roblox 用户可以在里面以低廉价格购买限量版 Gucci 虚拟配饰，用以装扮平台上的虚拟形象。Nike、Asics、Keep 等运动品牌也在该平台上推出各自的虚拟产品，大受欢迎。2021 年，Adidas 通过 Roblox 平台赚取的销售收入超过了 2200 万美元。Dapper Labs 与 NBA 俱乐部合作，推出了 NBA Top Shot 精彩瞬间的数字藏品，瞬间引爆全网球迷的购买热情，不仅增进了球星与球迷之间的互动交流，还进一步放大了球星的个人品牌价值，拓宽了其收入来源。2020 年 4 月，Tribute Brand 横空出世，作为世界上首个无运费、无浪费、无性别、无尺寸的百分百虚拟时尚品牌，吸引了一批忠实粉丝的追捧，消费者无视该品牌产品的高定价，竞相买入限量新款，用于装饰数字化身，彰显时尚身份。

通过上述案例可以看出，数字藏品具有强烈的社交属性，拥有一套数字藏品就是拥有数字世界乃至现实世界的社会身份。基于上述数字藏品特征，将其应用于旅游场景也将会开拓出更多景区游玩形式，增强互动，丰富游客体验。国外已经有景区开始发行数字藏品门票，不同的数字藏品门票赋予不同的游玩权限，包括各类附加权益：消费折扣、带客入园、VIP 通道、选座服务等。拥有数字藏品门票的游客将会享用同类型景区服务，以及圈层化、社交化的消费内容。可以预见，数字藏品的创新应用将会打造出全新的旅游场景，带给游客更为精准化、沉浸式的旅游体验。

当然，元宇宙赋能文旅产业的可能性远不止于上述三个方面，在产品、业态、产业链和商业模式等领域一定会不断推陈出新，但同时也会产生不可回避的挑战，比如数据所有权和分配权问题，元宇宙中的法律人格和权责问题，数字世界的边界和规范问题，人类发展与技术支配之间的手段与目的问题，这些问题的创新性解答是决定元宇宙能否与文旅产业长期协调发展的关键性因素。

第二节　文旅元宇宙的创新探索

敦煌地处黄河流域和中亚交通要道中心，是丝绸之路的必经之地，也是中国重要的文化遗产。近年来，敦煌在技术赋能文旅融合方面进行了积极的尝试和实践，取得了一系列成果。敦煌研究院利用数字技术，将敦煌的艺术珍品进行数字化处理，推出了一系列文化创意产品，如数字图书、AR 导览等，为游客提供了更丰富的文化体验。法国卢浮宫是全球最著名的艺术博物馆之一，也向世界证明了数字技术如何赋能文旅融合。该博物馆推出了名为"卢浮宫大开放"的数字化项目，该项目可免费让所有人在线欣赏卢浮宫的所有收藏，包括了音频、视频、电子书、虚拟参观等内容。此外，该博物馆还与谷歌合作，为游客提供了一项虚拟现实体验，将博物馆的藏品带入他们身边。美国纽约大都会艺术博物馆是世界顶级艺术博物馆之一，其数字化转型已经成为行业标杆。该博物馆通过数字化技术，将博物馆内的80 万件藏品数字化，游客可以在网上浏览博物馆的所有藏品，并与博物馆中心的数字资源进行交互。

一、数字文化产业与旅游业跨界联动

数字文化产业的成熟领域，包括游戏、动漫等领域的数字化技术应用与旅游景区的联动，能够在文旅行业的跨界联合中发挥重要作用。在国外，二次元动漫、游戏与现实景点的跨次元联动现在已经屡见不鲜。

游戏天然具备"互动"和"参与"属性，通过运用声音、图像、文字等多种表现形式，呈现有趣和丰富的内容，吸引了大量用户。而"游戏＋文旅"跨界联动的模式，既能为玩家提供优秀的文化产品，也能激发游戏社群玩家对景区的出行意愿，让很多现实景点变成二次元爱好者们的打卡圣地，提升了景点知名度，在承载文化传播和旅游宣传推广方面发挥作用。例如米哈游一方面以动画渲染、游戏 AI、动作捕捉等数字技术作为支撑，以游戏产品为载体，在游戏场景、音乐、角色设计以及剧情等内容设计中引入了大量中国传统文化元素和知名旅游景区原型，用文化底蕴不断充实优化游戏内容，并推动优秀传统文化在现代"活起来、传开来"。[1] 比如原神游戏中，戏曲角色"云堇"及其《神女劈观》唱段让戏曲文化走入年轻人的视野，引起海外玩家对中国传统戏曲文化的热切关注，国内戏曲名家也竞相演绎，形成了近年少有的戏曲现象级网络事件。另一方面，对于游戏赋能旅游宣传而言，借助 IP 的影响力让旅游资源的宣传更加生动，也

---

[1] 文旅君：《数字化创新实践案例｜打破文旅虚实边界，让东方之美传得更远》，载文旅中国，https://mp.weixin.qq.com/s/ADV4s2XY8_nhFhEbPYx-fA，2022 年 11 月 1 日。

更能抓住受众群体的心。比如米哈游与张家界文化旅游广电体育局进行战略合作，开展了以"从驻足到远行"为主题的景区联动计划，并发布了讲述《原神》璃月地区创作思路历程的"张家界篇"纪录片，通过在景区内设置游戏打卡点，借助实地景区拉近玩家和作品之间的关系，激发游戏社群玩家对景区的出行意愿，在文化传播和旅游宣传推广方面发挥了积极作用。

总结来看，通过非旅游的数字化手段在文旅行业的跨界联合中能够整合文旅资源，并以合作或推广活动为主要手段。凭借丰富的多媒体手段，将传统奇闻逸事、历史文化以及风土人情具象化为虚拟的场景或动态元素，在真实和虚拟间搭建了纵横有序、展现出非凡感受的旅游体验。并且可以开展一系列以主题故事为核心，以游戏、动漫等多种非旅游的数字化手段形式作支撑的主题活动。这种跨界联合方式适用范围较广，且具有与更多年轻用户和社群进行高度互动的特点，文旅行业应该利用好这些非旅游的数字资源，在内容上不断创新，为游客提供更加个性化、创新的旅游体验，以满足用户体验需求的迭代，同时也应注意避免单纯追求新技术而破坏传统文化的价值。

二、数字技术赋能旅游业高质量发展

数字技术赋能旅游业高质量发展，指的是随着数字技术全面融入旅游产业，旅游产业数字化水平不断提升，推动旅游生产方式、体验方式、服务方式、治理方式等呈现数字化趋势，数字技术全方位、多角度、全链条改造旅游产业，提升旅游产业发展效率；通过产品的智能化、消费需求的个性化满足以及企业服务的在线化等新业态新模式，提升旅游企业产品、服务的质量和效率，激发旅游产业的新活力。

敦煌是应用数字化技术解决旅游问题的经典案例。作为丝绸之路上的重要节点、世界文化的交汇地，敦煌拥有着丰富的文化资源，一直备受世界旅游市场的关注，这也同时给敦煌文化遗产和生态的保护造成了巨大的压力。因此，敦煌一直在数字文旅方面不断探索。为实现敦煌石窟的永久保存、永续利用，"数字敦煌"项目在20世纪90年代初就已经开始，项目主要以莫高窟及藏经洞内发现的经史典籍为数字化对象。[1]2014年，敦煌莫高窟数字展示中心就已经向游客正式开放。此后的敦煌研究院就一直致力于敦煌数字文旅之路的探索。2016年，敦煌研究院上线了"数字敦煌"资源库，实现了30个洞窟整窟高清图像和全景漫游节目全球共享。自2017年起，腾讯与敦煌研究院达成战略合作，先后推出了"数字供养人"、QQ音乐"古乐重声"音乐会、"敦煌诗巾"、《王者荣耀》系列游戏皮肤、敦煌动画剧等数字文创精品内容，并在2018年联手推出了智慧景区小程序，试图为莫高窟的游客提供更多元的游览方式，2020年共同推出了"云游敦煌"小程序，达成了敦煌莫高窟的复制性、动态化、立体化和互动性的展示，2022年官宣了数字藏经洞和敦煌官方文化宣传大使虚拟人伽瑶，2023年4月互动体验文博产品"数字藏经洞"正式上线，综合运用高清数字照扫、游戏引擎的物理渲染和全局动态光照、云游戏等游戏技术，将洞窟实体与所藏文物进行了复原，利用游

---

[1] 文化产业评论作者团：《技术点亮文化：敦煌数字文旅的进阶之路》，https://mp.weixin.qq.com/s/kNO0hurMBWurYgdL5n8NhQ，2022年11月28日。

戏科技开创了文化遗产数字化新模式，用户可扮演不同角色，感受洞窟营造、放置经书等不同互动场景，沉浸式体验敦煌文化。此外，2021年敦煌研究院还与华为合作为莫高窟打造了一个与现实无缝融合的数字新世界，在实现遗址实景导览的同时，也创造了一种全新的数字化游览体验方式，给消费者带来全新的视觉与交互体验，也实现了在洞窟外进行洞窟参观的目标。2022年，微软亚洲研究院和敦煌研究院合作，用"飞天号"相机系统进行采集工作。敦煌市还开发打造了"游敦煌"全域旅游目的地交易服务平台，通过整合敦煌本地"食、住、行、游、购、娱"服务资源，为游客提供一站式服务，有效带动全市旅游数字化发展。未来敦煌研究院将继续探索文物展示、体验新方式，促进敦煌文化创造性转化、创新性发展，讲好敦煌故事、传播中国声音。

总结来看，目前敦煌数字文旅的发展为数字技术赋能旅游业高质量发展提供了以下两大思路：一是将传统的旅游行业与当下的数字化新业态进行整合，实现管理与服务层面的更新，解决文旅行业的问题；二是依托数字化的文化遗产资源，打造多样化、高质量、主题特征鲜明的数字文旅产品。

三、虚拟数字人创新对客服务

人工智能技术的不断发展使得虚拟和现实的边界愈发模糊，随着虚拟技术逐渐成熟，虚拟数字人成为数字时代文化传承的新载体。"虚拟数字人"是一种依赖显示设备显示的虚拟人物形象，拥有人的外观，能像人一样行动与对话。文旅行业把虚拟数字人作为与用户的一大链接，推动虚拟数字人与文旅产业融合。

虚拟数字人可以作为智慧景区导游，与用户进行多模态互动并提供景区路线规划、相关信息查询以及景点导览讲解等智能服务，不仅可以提供实时问答，还能通过多种声音、神情、动作的组合变化营造出更具情绪温度和亲和力的形象，打破了传统智能客服冷冰冰的对话情景，有助于加深游客的体验感，也大幅度节约了用人成本，增加了整体工作效率，有利于增加游客对景区的新鲜体验，从而提高文旅景区吸引力，提高文旅的品牌价值和商业价值。除了"向导"的身份，虚拟数字人还可以作为文旅产业的虚拟数字代言人，品牌可以借助"虚拟数字人"参与文旅宣传，形成文旅的专属虚拟IP，进行文旅领域的虚拟IP打造及商业化发展，通过线上形式传播文旅文化故事，为线下文旅景区引流，文旅行业也因此赢得流量热点和营销内容，由此扩大受众范围并提升景区的知名度，有利于从多维度展现文化魅力，同时加快文旅产业融入元宇宙营销步伐。例如多地推出了虚拟数字人作为城市目的地代言人或城市宣传官，如2020年7月，杭州推出了虚拟IP形象"白素素"，这一形象以古代传说人物白素贞为原型，结合城市地方特色，并赋予其新时代下新的人物定义，杭州欲将其打造成为城市的旅游代言人。

此外，虚拟数字人还能应用在博物馆、企业展厅、房产家居、学校、银行等场所，为传统的文旅产业带来科技与文化融合的新鲜力量，创造独特的消费体验。例如国内首个文博虚拟宣推官"文夭夭"掌握了各博物馆的发展历史、文物珍藏和文化内涵，入职中国文物交流中心，与江西省博、甘肃省博、河北博物院等十余家省市级博物馆馆长展开了对话，生动解说了展馆之宝背后的文化故事，在未来她也将会作为文博届的宣传大使，走向国际进行海外出访交流、推动传播中国优秀文化；国博的首个数智人"艾雯雯"根植于中华民族文化基因，从事策展工作，能够为观众提供文物历史的讲解、导览、咨询等服务；中国国家博物馆虚拟数字人"仝古今"则着重于文物保护与修复工作，能够全方位了解文物背景资料，可以对文物进行实时的检测和虚拟修复……这些文旅虚拟数字人，不仅是文旅行业的虚拟数字代言人，还可以在线下以"虚拟讲解员"的身份，为游客提供文物讲解、景区导览、咨询等服务，为游客打造沉浸式的互动服务体验。在未来，虚拟数字人将会在更多场景以及领域中应用落地。

　　总结来看，伴随着应用深化，虚拟数字人从一项技术创新的产物，已经真正成为一个产业，并走向大规模的落地应用。文旅行业能否凭借虚拟数字人驱动数字智能产品高效服务于年轻用户及未来核心场景，仍有待时间去验证。但可以确认的是，未来在众多虚拟场景下，虚拟数字人作为一种新型人机交互窗口，具有不可替代的作用。[1]

四、虚拟技术丰富沉浸式体验

　　在万物互联、虚拟共生的技术背景下，产业壁垒被打破，纵向联动与横向跨界成为了文旅产业发展的重要特征。其中，AR、VR 等新兴技术催生了"文化旅游＋科技"的新业态。作为部分生活场景的虚拟延伸，虚拟现实技术和增强现实技术所制造的沉浸感从感官上

---

［1］　朱梓强：《2700 亿元产值　虚拟数字人将成为文旅赛道新风向》，载迈点，https://mp.weixin.qq.com/s/JBaQ-YOrfsHK_aMdeHkclg，2023 年 3 月 5 日。

一定程度消除了虚拟和现实的界线，[1]可以轻松创造超越既定时空和超越人的身体实体的独特的体验。当前，伴随数字旅游、沉浸式体验等旅游新模式的发展，应用 VR、AR、大数据、人工智能等数字技术的旅游城市、旅游景区层出不穷，如杭州推出的"数字经济旅游十景"。对技术的应用主要是 AR 实景导览与 VR 行前预览，但是当前虚拟现实技术与实地旅游中的应用成效参差不齐。

VR/AR 的应用可以实现景区智慧化，完备游客体验。华为公司通过将莫高窟景区文物与风景融合呈现，打造出的华为河图实现了自动识别物体、自助讲解、文物复原、场景再现等功能，帮助游客对于景观概要"知其然，亦知其所以然"。意大利的布雷西亚景区就将 AR 智能眼镜应用于景区游客导览和语音讲解，既能使游客深度接触原文化，身临其境之感倍增，还能防止游客迷路走失。日本宫岛推出 VR 旅游体验，用户可以在线上任意拖拽旅游景点，实时体验景区的优美风光。法国的观测未来主题公园，通过多媒体巨型屏幕和投影观看地球及宇宙景观，并可以通过沉浸式体验潜入海底或漫游太阳系，还可以欣赏多媒体杂技和舞蹈表演。上海豫园小体量应用 AR 技术，增强游客参与灯会的游乐互动体验，实现传统文化景区和新技术的完美融合。

VR 技术的应用可以打破时空的界限，构建新概念的展览空间。如台北故宫博物院推出了"再现传奇—VR 艺术体验特展"，从"看画"到"读画"与"玩画"，VR 技术改变了艺术家固有的创作方式，

---

[1] 甘露、谢雯、贾晓昕、周涛：《虚拟现实体验能替代实地旅游吗？——基于威士伯峰虚拟现实体验的场景实验分析》，《旅游学刊》2019 年第 8 期。

也改变了观众固有的感官体验。在虚拟演示教学与实验方面，VR 技术针对不同教育目的有不同的模拟培训系统和交互式仿真系统。在商业产品展示中，采用 VR 技术对商品进行网络三维投影，用户可以全方位地了解商品。许多企业也单独推出由 VR 等技术为核心吸引物的景区。如中业光科推出线下实景体验游戏《越界神游》等，都尝试将数字科技与景区活动、项目深度结合，提升旅游产品、项目的科技水平和互动体验感。

VR 和 AR 因其技术特征不同应用场景也存在差异。当 AR 可以低设备障碍、信息障碍地实现游客互动时，VR 应用的技术学习和佩戴存在现实与虚拟的衔接不够流畅的问题。因此要避免 VR 应用出现单体化与景区实体环境主题割裂等情况。

五、数字藏品拓展消费场景

数字资产是元宇宙的关键构成，也是连接虚拟和现实的重要介质。依托虚拟世界的数字藏品也是文旅融入元宇宙的重要布局。数字藏品是指使用区块链技术，对应特定的作品、艺术品生成的唯一数字凭证，在保护其数字版权的基础上，实现真实可信的数字化发行、购买、收藏和使用。包括音乐、动画、游戏、皮肤、手办、文物等多种表现形式。消费者购买成功后，即获得依托区块链技术赋予的唯一标识编码。数字藏品的出现为文创产品提供了新的价值承接载体。景域驴妈妈推出奇驴数藏作为其文旅垂类数字藏品运营平台和文旅全产业链布局的一环，积极响应国家数字经济发展战略，不断开发多元化的数字藏品应用场景，已先后成功发行"八达岭长城 Night""峨眉天下秀""问迹灵山""黄鹤楼"等全国知名文旅目的地数字文藏。我国多个博物馆推出的数字藏品也出现"秒售罄"现象，如湖北省博物馆将镇馆之宝"越王勾践剑"制成数字文物，限量1万份对外发售，引来60万人在线抢购，短短3秒即告售罄。据报道，2021年春节24家博物馆发行的文创数字藏品，均销售火爆，上线几十秒后售罄。金沙遗址博物馆的白藏之衣和石虎、四川博物院东汉陶狗等，成为现象级爆款。

数字藏品的先进技术应用和创新的表现形式与年轻人的消费习惯、价值审美和社交需求深度契合，符合以"Z世代"为主的年轻消费群体的数字空间消费文化。对传统景区和博物馆来说，有利于其吸引年轻群体更加积极主动地了解、传承、保护传统文化，进而有利于培育社会审美情趣，提升文化自信，以传统文化为核心推动文化数字化转型。数字藏品较低的价格吸引大众消费，有利于提升社会审美。

在数字藏品以其价值吸引文旅行业的同时，有关数字藏品经济犯罪的报道也屡屡爆出，尽管数字藏品的法律问题还亟待完善，但不可否认，数字藏品"以虚促实"是文旅产业进军元宇宙的重要定位。

第三节　佘山度假区的元宇宙创想

一、"云间"元宇宙

（一）松江府城简介

松江府城历史上便是唐宋华亭县县城所在地，有"上海之根"的美誉。唐天宝十年（751年），"苏州太守赵居贞奏割昆山南境、嘉兴东境、海盐北境置华亭县"。建华亭县时已经有城，何时修建，无从查考。华亭县治所在今松江县城内。据南宋绍熙四年（1193年）杨潜等编纂的《云间志》载："县之有城，盖不多见。……是唐之置县，固有城矣。"或许在建华亭县前，因守备防御外敌而修城。但此时华亭县城规模不大，"周回一百六十丈，高一丈二尺，厚九尺五寸"。南宋时的一丈与现代相差不大，如果按现代的度量折算，县城面积小于2公顷（30亩）。元丰年间（1078—1085年），华亭县辖17乡，为东南第一大县。元至元十四年（1277年），升华亭县为华亭府，领华亭1县，一年后改称松江府。此时可称松江府城。元末，张士诚据吴（苏州），占松江。为防元军进攻，扩建松江府城，将城西、城北部分土地扩入城内，包括瑁湖的东端也被扩入在城内，其范围大致为后来的松江府城。明太祖洪武三十年（1397年），"按旧城"修城，城周九里一百七十三步，高一丈八尺，护城河宽十丈，深七尺二寸。城墙上有敌台20座，窝铺26座，城垛3369个。明、清两朝，对城垣修葺11次，其4次专修护城河石驳岸。清道光十六年（1836年）修葺后，城周九里九十三步，垛口1911座，窝铺25座，炮台28座。

明代时，松江府城范围大致在今松江老城区，东至环城路，南至松汇路南约50米，西至谷阳路，北至环城路。陆路有四门：东为披云门、南为集仙门、西为谷阳门、北为通波门。四城门上面为城楼，东曰迎生、南曰阜名、西曰宝成、北曰拱宸。四城门旁分别设水关，除北门设内水关（水关在城内）外，其余三门均设外水关。四城门均设吊桥，人、车通行时，吊桥放下，不通时，吊桥收起。内、外水关均有关闸，船只允许通行时，开启关闸，不通时则关闭。府城外有护城河，外敌入侵时为天然屏障。护城河外通外河、内连城内市河，供城内居民饮用。四门外还建有月城（状如月牙），驻守兵士。松江府城曾是松江府衙、华亭和娄县县治所在地。辛亥革命后，府城渐毁，今位于迎宾路 2 号的松江区武装部内的打靶场，有一段府城遗址，墙体长 127 米，宽 15 至 20 米不等，土垣东侧有护城河，2013 年 6 月被公布为松江区文物保护单位。

松江府城历史悠久，在其范围内，文物、名胜古迹众多。据统计，府城地区共有 31 处不可移动文物，包括兴圣教寺塔和唐经幢 2 处全国重点文物保护单位，上海市文物保护单位松江方塔园 1 处，云间第一楼、邱家湾教堂、松江府城遗址等松江区文物保护单位 8 处，肖氏宅、沈氏宅、袜子弄袜厂旧址等松江区文物保护点 20 处。其中唐经幢为上海现存最古老地面文物，区内另有历史名校松江二中，文物园林方塔园，历史文物收藏机构松江区博物馆，以及云间粮仓等具有历史代表性的文化创意园区，反映了松江府城即为唐宋华亭县城的历史渊源。府城地区是上海的重要文化遗产，也是松江打响上海文化品牌、推进江南文化建设的基石。

（二）松江府城的元宇宙重建

如果说元宇宙是在空间尺度上创造了一个"数字世界"，松江府城则是一个有着时间尺度的"世界"。以元宇宙为开发松江府城赋能，在推动古城保护、提升游客体验等方面都有重要作用；而古城的历史文化天然为元宇宙的搭建提供了文化内核，松江府城是在中国历史上很有影响力的城市，更有丰富的生活图景。中国传统历史一直在为游戏产业提供源源不断的世界观与灵感，已经积累了较为丰富的剧本，而元宇宙技术可以实现虚实结合，让玩家更好地感受游戏中的风景与竞技体验和互动体验。基于历史文化和现实历史建筑，打造大型"网游"古城是对传统网游内容的深化与技术的升级。参考《剑侠情缘网络版三》，打造独属于松江府城的盛世。以现实和历史的时间线交织动态还原明清松江府城的繁盛景象与朝代更迭，建构"一分耕耘一分才"的朴素世界观，玩家以角色身份进入松江府城，在士农工商多个职业下从事。根据既定时令，游戏劳作维持生计，开启独属于自己的明清之旅。打造"云间"元宇宙理念具体有以下几个方面：

1. 以数字"复活"松江府城

元宇宙可以通过虚拟现实技术和 3D 建模技术，还原松江府城历史的真实面貌。通过模拟场景、景点、建筑等，为游客提供逼真的历史还原体验。尤其基于已有"城墙""城门"等城外物质遗迹，实现手触搭建数字城市，数字化还原街市"府城内外，商市云集，店铺林立，楼堂连片"的景象，民居、米行、酒肆、货栈、商行等沿河拔地而起。开启数字松江府之旅。

依据诸如地方志等史料，阶段性还原城市风貌，以数字"复活"松江府城。同样依据史料，按照年历设计一系列的全息演出产品，让游客在虚拟空间中欣赏到松江府城的历史文化和风情。可以通过全息投影技术，将松江府城的主要历史人物、文化景观等呈现在游客眼前，如嘉靖年间的陆楫与徐阶、科学家徐光启、书画家董其昌等，还原他们的故事并实现与游客的互动，让游客感受到历史的沉淀和文化的底蕴。

2. 以时令"激活"松江府城

元宇宙可以让游客通过虚拟互动体验，感受松江古城丰富多彩的文化内涵。比如，利用 AR 技术实现游客与历史文物互动，或是在虚拟的松江古城里参与传统文化活动，如民俗节庆、手工艺制作等。推进春节、清明、端午、中秋和冬至等传统节令和节日的更迭，相应开展符合明清松江府的活动。更可以依据场景，就近设计一个可以在虚拟现实中体验松江古城景区的平台，游客可以通过虚拟现实设备在虚拟空间中感受松江古城的历史文化和美景。如选择场景护城河边，依托九亭湖的美丽的湖景，开展各种水上活动。随时参与打靶等游戏和赛龙舟等时令活动或参与到固定周期的集市中。

3. 以角色"盘活"松江府城

依托已有的"南翔古镇""朱家角古镇"赋予玩家社会角色，商贩、官兵、农民或读书人都可供扮演。虚实结合，酒楼、布匹店、肉店、盐铁专卖应有尽有，对应位置设置虚拟平台参与游戏角色扮演。

元宇宙可以为游客提供更多的互动和社交机会，如实现多人在线游戏、交友和社区功能，让游客在探索松江府城的同时结交新朋友。"云间"元宇宙的人物既可以参与到新副本地图创建和游戏创作中，不断丰富"世界"的内容，同时可以与其他角色建立亲友关系，共同参与社会活动或社交团体。

由玩家在松江府城景区的虚拟商城开门设店，玩家可以在虚拟现实中购买与松江府城相关的纪念品、手信等商品，亦可以购买游戏装备、角色人物生活必需品等内容。

更可以由玩家开设客栈等，自由选择美食配方，利用社交媒体增加美食曝光与传播度，增加虚拟世界的用户粘性。

4. 用科普"传活"松江府城

一方面，以 VR 技术先导进行营销。推出"云间松江"端游，为

"云间松江"旅游提前建立人—地情感联系，同时可以定点在大学城等地推出快闪体验。

另一方面，将先导信息作用于实景体验。"云间"元宇宙可以为松江古城提供教育和科普服务，如技术附着于遗迹上，为游客提供虚拟博物馆、讲解员、历史文献等，让游客通过互动体验更加深入地了解松江府城的历史和文化。打造介于屏幕和虚拟现实之间的虚拟古人形象扮演不同主线 NPC 角色，随时为指引玩家提供帮助。

虚拟拜师学艺，在虚拟现实中设计一些具有松江府城特色的文化体验活动，例如制作传统手工艺品、品尝当地美食等等。通过设置难度的拜师学艺制作还原松江美食和工艺品的虚拟教学。通过美食 3D 打印，实现虚拟游戏与现实的结合。打造沉浸式仿真客栈，让玩家自由制作食物，增强互动性与参与感。

"云间"元宇宙可以为游客提供更智能、便捷的旅游服务，如语音导览、AR 导航、在线订票、在线点餐等。同时，通过大数据和 AI 技术，可以为游客提供个性化的旅游建议和定制服务。根据游客需求提供不同体力值、难度的游览线路，匹配对应 NPC。

松江府城中"外交""军事"等类项的活动，更可以与其他古城联动，开发互动竞技类游戏，不断完善与创造世界观。

综上所述，设计元宇宙下的松江府城需要综合运用虚拟现实技术、3D 建模技术、游戏引擎、大数据和 AI 技术等多种技术手段，同时结合松江府城的历史和文化特点，提供丰富的互动体验、智能化服务和特色文化体验，为游客提供富有魅力和智能化的虚实互通文化旅游体验。

二、"植物"元宇宙

　　基于元宇宙场景将提供更加多样的感官交互的未来发展趋势，辰山植物园在未来可以基于其自身及云南西双版纳等地的丰富的植物数据资源，通过人工智能技术，模拟生成多模态、交互式、定制化的内容，尝试打造一个逼真沉浸的、能提供多通道自然交互体验的自然教育元宇宙。除了有利于抓住技术变革机遇、实现辰山植物园自身的升级和发展，也将有利于促进高质量自然教育的规模化复制，并可能为相应自然教育资源的供给和均衡发展做出贡献。

（一）打造通用游戏背景资源

　　数字化游戏空间可作为通用游戏背景资源在多个场景间实现情节衔接，从人文、历史、地域等故事背景上扩展元宇宙和植物园本身的趣味性和逻辑严谨性。因此可以以辰山植物园为背景，借鉴《阿尔芭与野生动物的故事》[1]，开发类似的休闲治愈类游戏——《我在辰山数花瓣》，在游戏中可以用第一视角来探索辰山植物园中的自然生态系统，并在此基础上补充作为一个开放世界的社交、直播、会议、购物等功能。（1）游戏设计上，可以加入种植工、科研人员等角色体验游戏，让用户在清理和修复园中的生态环境和保护区、寻找珍稀植物等游戏过程中，了解学习自然保护的意义和保护自然的不同方式。（2）并且，可以借鉴丹寨万达小镇"轮值镇

---

[1]．小圆：《【今天玩什么】#1　阿尔芭与野生动物的故事（Alba: A Wildlife Adventure）》，https://mp.weixin.qq.com/s/i5FaQHEWb5dx8l4B6mXQ_Q，2022 年 12 月 19 日。

长"[1]的公益活动，在游戏中招募来自全球的社会各界的有志于植物保护事业的仁人志士，在辰山植物园元宇宙中化身7天的"轮值园长"并根据自己的专长设计和开展有特色的环保和科教活动，帮助实现游戏内容的自动更新和丰富，以加强大众的环保意识，并进一步壮大环境保护和自然教育的智库。（3）同时，可以在游戏中植入观光游览系统，比如通过先进技术在《我在辰山数花瓣》中还原在真实世界中探索和观察自然环境的各感官通道元素、补充升级直播形式[2]打造全息直播[3]等方式，实现为用户提供能够随时随地置身于辰山植物园的丰富多彩的植物世界中的机会和体验，帮助大众打破了解自然及自然保护知识所受到的时空限制和知识壁垒，并且更加能够满足用户对自然教育的个性化、定制化、趣味性等方面的需求。

（二）打造辰山植物园的数字藏品

数字藏品能够重塑文旅产品价值，由传统的观赏价值、体验价值升级为流量价值、收藏价值、社交价值、身份价值和投资价值[4]。未来数字藏品蕴含着丰富的玩法，从游前游中游后带动门票、二次消费、文创商品，形成积分体系，助力会员营销，提升虚实结合的场景和体验等等将不断展现，也将成为文旅产业振兴变革的重要利器，因

---

［1］ 易简财经:《万达小镇"轮值镇长"为啥能引全球瞩目?》, https://zhuanlan.zhihu.com/p/50162622，2018年11月17日。

［2］ 代灵:《24小时直播一棵树后，辰山植物园的"孤独树洞"有点暖，你留言了吗?》, https://mp.weixin.qq.com/s/hX3la5sdVyohjDuaDncDYg，2021年11月19日。

［3］ 央广网:《PICO联合中国大熊猫保护研究中心，全球首次呈现3D全景VR大熊猫直播》, https://mp.weixin.qq.com/s/5eW4OxShB3EFSFOuFjDhHw，2022年11月8日。

［4］ 《文化上海滩.行业观察｜探讨"数字藏品"在文旅行业的应用新价值》, https://mp.weixin.qq.com/s/hJdeJcXa7EEShq8q9lDMRQ，2022年4月20日。

此也可以尝试打造辰山植物园的数字藏品。（1）首先，可以通过"每一片叶子都不同"等设计思路，借鉴"Absurd Arboretum 荒谬植物园"[1]等已有的数字藏品开发经验，充分挖掘辰山植物园的自身内容进行数字资产打造，传达建构出辰山植物园亲近自然、保护自然的价值理念观与审美美学。（2）其次，可以将数字藏品作为电子门票、优惠券等有合理定价的各项消费权益的集成，作为新的交易模式以实现其二次交易功能，具体获得权益的方式可以通过在游戏或实景景区中打卡完成任务等趣味性方式获得。比如设计让每一位辰山植物园数字藏品的拥有者，都成为《我在辰山数花瓣》游戏中的某一株植物的监护人。这些辰山植物园数字藏品的拥有者将在游戏中享有一定的权利和福利，比如参考国家博物馆推出的首个虚拟人——"艾雯雯"，辰山植物园也可以通过数字孪生等技术，为所监护的植物生成虚拟人化身，为用户提供具有定制化、个性化特征的在线陪伴、多通道交互等服务和体验；在现实世界中，辰山植物园数字藏品的拥有者也将获得一定的权益和福利，比如享有辰山植物园的门票优惠等相应的权益，并且辰山植物园也可以通过辰山植物园数字藏品拥有者的名义，用与数字藏品相关的销售收益进行环保和公益事业。（3）此外，还可以基于《我在辰山数花瓣》游戏和辰山植物园的数字藏品，与"蚂蚁森林""Forest 专注森林"等目前较为成熟的应用软件进行合作，将这些不同功能的应用软件中原本并没有意义的、虚拟的森林场景替换为辰山植物园元宇宙，或将这些应用软件接入《我在辰山数花瓣》的游戏中，从而丰富辰山植物园元宇宙的内容和应用场景，并进一步实现与

---

[1] The Art Lab：《踏入元宇宙，收藏一朵数字种的花》，https://mp.weixin.qq.com/s/9lYZVfSGIzdJFB11-fB71Q，2022 年 8 月 4 日。

辰山植物园的游戏和数字藏品的联动，来加强大众对辰山植物园及其数字空间的关注和热情。

（三）在场景建设中联结虚拟世界以优化游客体验

在辰山植物园的实地建设中，可以通过不破坏自然的技术，与《我在辰山数花瓣》游戏中的辰山植物园元宇宙形成没有边界的连续。（1）对于辰山植物园数字藏品的拥有者，他们将可以在辰山植物园实景中，借助虚拟的游戏地图引导、结合实地的全息投影技术等方式，与游戏中监护植物所对应的植物实体，实现线下的"见面"，从而能够亲眼看到所监护植株的生长情况。（2）可以通过设计积分制度来进一步联系起虚实世界，比如通过适度累积"见面"次数来提升用户自身的亲自然程度，或通过"见面"并完成为自己所监护的植物读诗、画画、摄影及与植物一起冥想等游戏任务来累积所监护植物的虚拟人化身的幸福感……在此基础上，可以进一步结合辰山植物园游戏和实体中的各项权益进行用户激励，实现虚拟产品和实物产品的联动营销。（3）可以相应在游戏和实体植物园中定期举办飞花令、绘画展、摄影展、冥想课程等活动，通过用户自生成的内容实现受众与辰山植物园的情感联结和价值共创，既有助于丰富辰山植物园后续的内容输出和可持续发展，也有助于丰富和提高用户体验。（4）考虑到辰山植物园中的游客不一定都是《我在辰山数花瓣》的游戏用户，为优化游客体验，辰山植物园的元宇宙打造可以参考 TeamLab[1]的艺术作品，

---

[1]《建筑景观 | 今日开幕，teamLab 将"数字化自然"融入 2.4 万 m^2 植物园》，全球数字光影艺术创新网络，https://mp.weixin.qq.com/s/x90_ay_eHVmUj2JAHo8RsA，2022 年 7 月 29 日。

通过非物质的数字技术，在不破坏自然的情况下生成可以被在场人的行为所改变的互动性艺术作品，优化游客体验。也可以借鉴全球首个景区元宇宙平台"张家界星球"[1]，将《我在辰山数花瓣》游戏建设为具备稳定、高效、低延时、高保真、全实时、可任意地点、任意终端设备无障碍接入的开放的平台，游客无需下载，通过网页即可加入这个"自然文化＋科技"的互动开放平台。

（四）借助营销推广推动建设配合打造辰山植物园元宇宙

通过辰山植物园后续营销推广的形式和内容设计，配合打造辰山植物园元宇宙。（1）可以根据中国传统文化中的 24 节气以及辰山植物园自身的节事活动，设计主题营销活动，在对应时间借助机场显示屏、城市大屏、地铁广告等多样媒介，或设置相应的"快闪"活动，实时展示辰山植物园的画面，将辰山植物园充满自然、野趣、和谐等美好感受的数字内容体验，自然融入到往往让人略感无聊的生活场景中，从而提升辰山植物园的曝光度、知名度、吸引力和具有人文关怀的品牌形象。（2）可以增强营销内容的实用功能，比如可以在这些营销内容中加入与《我在辰山数花瓣》游戏内容相关的情节和线索，或借助 VR 等技术手段，通过营销内容随机发放辰山植物园的线下邀请函、门票或周边折扣等优惠。（3）还可以通过技术手段设计实现更加具有互动性的营销内容，比如用户通过完成游戏中随机掉落的副本任务可以改变广告大屏的投放内容，从而丰富用户的游戏体验，并实现营销内容中与受众的价值共创，提升营销内容的丰富性和趣味性。

---

[1] 郑州非物质文化遗产学会:《【案例＋解读】2022 年文旅元宇宙 10 大典型案例》，https://mp.weixin.qq.com/s/LczWNP4HmgvZY4GWF6NPzw，2023 年 1 月 16 日。

第七章
以高质量发展打造江南会客厅

第一节　打造江南文化特色的世界级度假区

产业集聚理论来源于产业经济学和区域经济学领域，指某一产业在特定地理区域内高度集中，带来产业资本要素在空间范围内不断汇聚的现象。当产业集聚达到一定程度后，会产生外部规模经济，使得企业在该区域内的分工与合作得到促进，产业规模不断扩大，竞争力得到不断提高。空间集聚范围内的企业可以使用共同的公共服务设施，提高设施使用的有效性，共享区域的环境及资源。此外，产业集聚为企业间建立合作关系提供了便利条件，企业间的正式交流与非正式交流对产业的创新发展也有一定促进作用。

作为上海唯一的国家级旅游度假区，佘山度假区具有较高的品牌效应。其中，上海欢乐谷、月湖雕塑公园、辰山植物园、佘山高尔夫俱乐部、佘山索菲亚大酒店、天马现代服务集聚区等高品质、高水平功能性服务项目的集聚，进一步提升了其品牌吸引力。佘山度假区集聚型旅游业态的发展，也产生了良好的联动效应。这种集聚型旅游业态的形成，不仅带动了度假区周边佘山镇等地的住宿业、餐饮业、运输业和房地产的发展，而且与松江城区形成了"山城联动"的局面。在旅游产品设计中，多条线路将佘山度假区景点与城区泰晤士小镇、松江大学城等结合起来，形成了明显的带动作用。集聚型旅游业态使佘山度假区成为松江区旅游发展的强力增长极。

佘山度假区的集聚型旅游业态提升了该区域内旅游的核心竞争力。通过区域所有旅游资源与旅游企业之间的合作、协作关系，实现了区域旅游产业全面发展的共赢路径，进而实现旅游业态高质量发展的目标。佘山度假区形成了一定的专业化分工体系，突出发挥了旅游资源及特色旅游产品的优势。与此同时，旅游业的功能并不局限于休闲度假、观光旅游、科普教育、文化遗迹等传统旅游服务，度假区在加速发展阶段加入了许多大型功能性项目，使整体服务质量有了显著提高，进一步扩展了旅游的功能，如主题休闲服务、商务会议服务、旅游集市服务及其他生产性服务等，形成了佘山国家旅游度假区集聚型旅游业态的二元结构。旅游业是一个产业关联度很高的行业，旅游业的发展会带动区域内基础配套、商业贸易、餐饮住宿相关行业等的发展，开发综合性旅游项目具有可行性。

佘山度假区内集聚型旅游业态的发展也带来了外部规模经济效应。度假区整体发展实力及良好的招商引资环境，为其旅游产业带来了更多的发展机遇，有利于度假区内部的拓展及业态集聚程度的提高。同时，佘山度假区形成的区域品牌，进一步整合了区域的旅游形象，便于进行整合营销，对扩大客源市场和增强区域旅游吸引力具有积极意义。

一、充分发挥资源和区位优势

旅游业的发展具有较强的资源依赖性。自然、人文、周边和经济资源是佘山度假区形成发展的重要基础，具体表现在以下几个方面：

首先是自然资源。佘山度假区拥有上海仅有的山林自然资源，它位于上海发祥地——松江区的境内，山林延绵 10 余公里，各座山体的林木覆盖率达 95% 以上，其中有许多名木古树，植物种类也十分丰富。除了备受游客欢迎的东、西佘山外，这里还有天马山、小昆山等 12 座山峰。虽然这些山峰并不高，但是作为上海比较稀缺的资源，佘山成为了沪上登山、休闲、踏青的热门景区。

其次，佘山还拥有丰富的江南文化历史资源。天主教堂、天文台、地震台、护珠塔、九峰寺、二陆草堂等珍贵的历史文人名流的遗踪古迹，不仅有观赏价值，更为度假、旅游增添了参与性和科普教育的属性。

再次，组合旅游资源。松江区与周边区县毗邻，形成了不同的旅游资源组合。东与闵行区、奉贤区为邻，形成与古镇旅游资源、海滨旅游资源的结合；南、西南与金山区交界，与乡村旅游资源互补；西、北与青浦区接壤，两区旅游资源共同形成佘山、淀山湖旅游板块。在松江区内，佘山度假区属于西北片，与松江新城现代风貌、老城历史风貌相得益彰，形成"山城联动"的格局。

最后是经济资源。佘山度假区的发展需要依赖于所处地区的经济区位优势。上海是全国经济、文化最发达的城市之一，具有稳定的经济发展基础，为度假区营造了良好的招商引资环境；松江区是上海市郊区中经济发展较快的地区之一，工业经济贡献非常大，为度假区提供了有力的经济支持。

这些旅游资源既是佘山度假区最初的旅游吸引物，也是度假区现在旅游产品结构中不可或缺的重要组成部分。

从区位方面来看，佘山度假区依托大上海城市圈，位于上海市的西南部，毗邻江浙两省，特别是靠近苏州、杭州和嘉兴等市。多条高速公路如沪杭高速公路、沪宁高速公路、沪青平高速公路等与周边省市相连。此外，佘山度假区距其他相邻地区的景区约10—20公里，有便捷的郊区公路和水路联系，多种出行方式加强了景区间的联系。

佘山度假区所在的松江区四周被青浦区、闵行区、奉贤区、金山区包围，还有3条城市干道与松江、青浦、淀山湖等区县及风景区相连。从上海市中心到度假区约40公里，通过318国道可在1小时左右到达。此外，还有多条公交线路如南佘专线、旅游一号线、共佘旅游专线、上佘线、沪陈线、沪佘昆线、轨道交通9号线等，可直达市区及其他区县。同时，佘山度假区距离虹桥国际机场仅需30分钟左右的车程，具有优越的地理位置优势及良好的交通优势。

二、深度挖掘客源市场优势

佘山度假区与上海都市旅游的发展相得益彰。上海是全国最繁荣的旅游市场之一，随着近年来经济的高速发展，上海市民的人均可支配收入节节攀升，对各类社会文化活动的需求旺盛，旅游支出不断增加，旅行出游率也屡创新高。上海市区以都市观光、都市风情旅游为主；佘山度假区以自然旅游资源著称，是重要的休闲旅游目的地。上海市区的都市旅游对佘山度假区的旅游业有重要带动作用，而佘山度假区又成为上海都市旅游的重要补充。

与此同时，与其他国内城市相比，上海市民的消费观念和旅游观念较为超前，主要表现在以下几个方面：一是上海市民在长三角地区度假置业的数量增多，特别是围绕太湖、淀山湖等城区周边景区，佘山也位列其中；二是上海市民旅游需求多样化，不仅限于观光旅游，对户外运动、科教等主题性旅游的需求量也逐年增加；三是由于短期节假日的数量多于长期节假日，考虑到时间周期，上海市民对周边及近郊的短期度假更有倾向性。以上因素使得佘山度假区拥有较为显著的本地客源市场优势，受旅游市场意外因素的影响较小。

三、充分承接进博会溢出效应

中国国际进口博览会是世界上第一个以进口为主题的国家级展会，也是我国推进高水平对外开放、主动向世界开放市场的重大决策和举措。松江区距离进博会举办地点国家会展中心只有半小时车程，天然的地理优势让松江成为进博会中外来宾的窗口。作为上海的后花园，松江区的文旅行业和宾馆酒店一直充分承接进博会的溢出效应，为配合进博会的顺利举办主动服务。

第四届进博会于 2021 年 11 月 5 日至 10 日进行，值得一提的是，国家展在云端用数字化手段展示，以线上展览的方式用技术手段打破传播的空间限制，为各参展国搭建虚拟展厅，展现各国的发展成就、优势产业、文化旅游、代表性企业等领域。根据第三届进博会统计数据，以及《第三届中国国际进口博览会住宿场所疫情防控管理指引》，综合考虑各宾馆酒店疫情防控、经营状态、投诉举报、诚信守法、实

际客源、与国家会展中心的距离等因素，梳理出 1151 家宾馆酒店，
19.2 万间客房，共分为 4 个圈层，具体包括 2 公里以内圈层、2 公里
至 5 公里圈层、5 公里至 10 公里圈层、10 公里以上圈层。新产品、
新技术、新服务展示是进博会的重要内容，各省市交易团结合当地产
业特点和市场需求，也举办了多场采购洽谈会和产业投资对接会。作
为重要配套活动，进博发布平台实现了国际参展企业的新品和服务发
布，均为全球首发、亚洲首秀或中国首展，同时在文化宣传中增加了
中国旅游等人文旅游展示项目。

　　因此，进博会是松江的文旅、酒店等产业展示特色树立品牌的绝
好时机，同时也对松江旅游业在卫生、餐饮、住宿、交通等方面提出
了更高的管理要求。进博会的参展者和参会者会对周边旅游带来溢出
效应，对产业结构调整产生促动作用，形成区域经济的辐射效应。松
江具有地理区位、资源丰富、政策支持的旅游大环境，进博会的溢出
消费对松江的经济会起到良好的拉动作用。松江可结合大学城资源的
人力资本水平，实施创新的开放政策，为文旅企业建立有利于促进产
业提升和竞争的制度环境，提高企业的吸收能力、打造精品旅游，提
高对进博会溢出的吸收能力，最大化利用溢出效应。进博会将展品与
商品，以及展商与投资商的关系相连结，交流创意和理念，联通国际
采购、投资促进、人文交流、开放合作，成为全球包容、互惠发展的
新型国际公共平台，共享新时代中国的发展成果。面对契机，松江应
深度参与到进博会的溢出共享与双循环的宏观发展浪潮。松江可依托
虹桥交通枢纽，深入建设国际旅游开放枢纽、国际旅游重要门户、国
内旅游集散枢纽，培育具有全球影响力的国际旅游展会和节庆活动品
牌，打造彰显海派文化、上海特色的文化交流展示平台，努力成为国

际旅游交流交往的城市窗口。

首先，是投资契机。高质量发展的要求，国家提出新基建、新型城镇化、重大工程的发展导向。新投资契机的主要特征是数字转型、有机更新、融合创新。对照松江现行的产业、科技、人才、规划政策，应坚定科创强区战略，突出科创引领，数字转型补齐短板，增强内生增长动力，推动"松江创造"的品牌形象。

其次，是消费契机。新消费将成为未来松江消费的主要特征，加快发展文化、休闲、健康、教育、养老等消费领域。"双循环"可以推动消费新旧动能加速转换。疫情影响下的消费需求，对数字化生存、非接触式交易、短路径供应链等提供了新消费的适用场景。云商购物、直播电商、体验消费、视频会议等消费新场景的涌现，成为经济发展的新兴动力。

再次，是贸易契机。双循环格局包含内循环和外循环两个重要内容，松江也是国际外循环的重要基地。往日的松江出口加工区已经发展成为打通国内国外市场的松江综合保税区。坐拥上海优势，依托国内市场，积极发展进出口贸易，构建国际商品和资源要素的供应链条，集中发挥定价功能、交易功能、集散功能，营造双循环下国际贸易和竞争合作的新格局。

最后，是新产业契机。松江目前在先进制造业上的产能优势已经日益凸显，作为 G60 科创走廊的核心枢纽和核心策源地，松江在新信息、新能源、新材料、新医药四个板块发展迅猛。未来应着力打造产城融合示范片区、东西两翼产业发展提升区。通过产城融合发展提升产业能级、推动产业用地高质量发展，以重点项目带动产业园区升级发展。以 G60 电子信息国际创新产业园为基地，推进建设以人工智能、生物医药、新能源汽车、集成电路、高端设备产业为主导，集制造、研发、服务等多元功能的一体化产业社区。

综上所述，面对文旅产业在经济社会发展中日益突出的作用，作为国民经济的战略性支柱产业，应重视发展满足人民美好生活需要的现代服务业。从松江文旅行业的供给侧和需求侧分析，在自然资源禀赋上，具有市域独有的山林、生物景观等自然资源，稀缺的古文化遗址遗迹资源，以及新型体育、娱乐、酒店等人文景观载体。因此，需要推动松江文旅旅游业积极主动融入双循环新发展格局，加快发展国内旅游市场，应对疫情背景下未来入境旅游的新趋势，规范发展出境旅游决策，实现三大旅游市场的互融互促，奠定松江和佘山度假区建设具有历史文化底蕴和自然山水特色的综合休闲旅游目的地的基础。

四、积极融入新城和城市节点建设

上海建设现代化国际大都市正在加速过程中，"五大新城"建设将成为重要引擎。五大新城是推动城市组团式发展，形成多中心、多层级、多节点的网络型城市群结构的重要空间战略。《上海市城市总体规划（2017—2035 年）》中指出，将位于重要区域廊道上、发展基础较好的嘉定、青浦、松江、奉贤、南汇 5 个新城，培育成长三角城市群中具有辐射带动作用的综合性节点城市。因此，作为五大新城之一的松江，其规划建设布局和城市节点的发展契机，是推动松江新城快速发展的重要战略保障。

目前松江新城的经济步入持续快速发展阶段。首先，长三角 G60 科创走廊是松江新城高质量发展的战略引擎。G60 科创走廊秉持新发展理念，推动国家战略平台的重要实践。新城范围内包含 7 个功能区，分别是大学城双创集聚区、总部研发功能区、科技影都、经开区西区、经开区东区、松江综合保税区、智慧物流功能区。各功能区聚焦人工智能、集成电路、生物医药、智慧安防、新能源、新材料等战略性新兴产业，逐渐形成具有世界影响力的先进制造业产业集群。科技创新和制度创新共同驱动松江制造迈向松江创造，带动松江新城高质量跨越式发展。其次，科技创新和人文生态是松江新城建设发展的价值理念。具体表现在人文松江的建设推进、全域旅游的特色发展、生态环境的质量提升。松江目前已经成功创建为全国文明城区、国家全域旅游示范区、国家农业绿色发展先行区。最后，高品质宜居宜业和公共服务配套是松江新城持续发展的基础保障。地铁线路和有轨电车的通车运行，以及松江枢纽和沪苏湖铁路的建设，为松江交通的发展奠定坚实基础；综合性医院、环大学城基础教育高地，为松江的教育医疗体系提供有力支撑；广富林文化遗址、泰晤士小镇、松江大学城、新城中央绿地等人文景观载体，为松江文旅和居民休闲提升幸福指数。

松江面对实践发展新理念，未来的发展目标是具有独立功能的长三角综合性节点城市，作为空间布局的战略链接和重要枢纽，形成服务上海和面向长三角的现代化发展新格局。松江新城的建设内涵包含科创之城、人文之城、生态之城，建成上海都市圈第一圈层的主力城区、经济发展的重要增长极、辐射长三角的战略支撑点，成为长三角城市群高质量发展的重要窗口。

根据文旅资源的分布分析，人文资源禀赋和历史文化遗存是松江的灵魂，松江老城地区留存的大量历史建筑、风貌街巷、河道水岸，老城历史风貌片区的目标定位是文化旅游和历史风貌融合区，重点打造"一府两城""仓城文邦""朝西印象""星河云创"的历史人文风貌格局。通过旅游休闲、文化创意、复合居住功能的融合，传承更新历史文化遗产的价值，建设文旅融合发展的传统风貌区域。新城产业融合片区的目标定位是产业发展与科技创新区域，重点强化文化旅游、工业制造、科技创新之间的互动，整合食品生产、先进制造业等资源基础，培育观光体验和研学教育的工业旅游产品，丰富园区观光、科创体验、新媒体销售、文化宣传的创新发展。同时依托高科技产业园区，创建公园型生态园区和共享型休憩绿地。松江大学城片区的目标定位是休闲度假区和商务旅游区，重点挖掘大学城教育资源、泰晤士小镇休闲资源、国际生态商务区的旅游资源，建设综合性节点城市的综合竞争力和文化软实力。科技影都核心区的目标定位是影视科技体验基地和影城智慧生态社区，重点依托华阳湖核心、车墩影视基地等功能资源，发展高能级配套和高品质环境的智慧空间，建设高品质生活未来之城。

把握五大新城的规划建设和城市节点契机，完善都市旅游功能空间，系统性谋划文旅资源的有效配置，布局持续带动力的旅游项目，增强佘山度假区辐射作用，利用文化旅游节事活动，建设科创人文生态的全域旅游和文旅融合的创新发展，打造松江新城的旅游新节点。

五、主动对接上海国际消费中心城市供需优化

构建培育国际消费中心城市是国家发展新阶段、发展新理念的重大战略决策，是转变经济增长方式、推动经济高质量发展、服务发展

新格局、满足美好生活需要的重要举措。上海国际消费中心城市的实施建设，着重强调发挥上海资源禀赋和基础优势。

松江在旅游高质量发展上具备得天独厚的资源禀赋和基础优势，有机会有能力推动多领域服务消费体系的有效发展。首先，在文旅休闲消费层面，建设全球规模密度最大的剧场群；通过上海国际城市音乐节、上海国际电影节、上海国际艺术书展、上海朗诵艺术节、中国电影节科技论坛、国际书法篆刻大赛、国际书画邀请展、文化旅游节、研学教育论坛等重点节事活动的开展，增强"影视之都"和"书香之域"，以及"上海之根"和"文博之府"的区域品牌形象。其次，在体育旅游消费层面，通过开展佘山新年登高活动、世界高尔夫锦标赛、半程马拉松赛事、世界大学生室内足球锦标赛、全国青少年锦标赛等体育休闲活动，推进国家体育消费试点城市的建设；最后，在康养旅游消费层面，结合中国传统节日活动和宗教文化养生的优质生态资源，建设中医药健康旅游示范基地。

《全力打响"上海购物"品牌加快建设国际消费中心城市三年行动计划（2021—2023 年）》明确了上海国际消费中心城市建设的重点方向，既注重优化供给内容，也重视创新消费场景，将服务保障民生和强化国际定位有机结合，增强枢纽功能，感受上海消费市场的潜力与活力。松江在此发展契机下，应构建融合全球消费的资源聚集地，打造国际品牌消费品集散中心，吸引国际品牌总部落户松江。对于本土制造消费品品牌，应侧重发展零售自有品牌，传承创新老字号品牌。培育国际水准的餐饮美食街巷，引领全球消费高地，树立美食之都形象。

首先，建设全球新品首发经济示范地标，形成松江新城的商业体系。发展后街经济和夜间经济，塑造 24 小时城市社交目的地。加强国内市场联动，放大"五五购物节"的持续影响效果，为长三角消费资源联动推广载体和平台。支持文化艺术、科学教育、商业跨界之间的合作，创建消费品特色产业园区。顺应消费变化趋势，扩大个性化消费供给。利用进博会平台，推动国际知名高端品牌和新兴时尚品牌集聚松江，扩大特色优质产品的多渠道进口。首发经济示范区建设应发展新品发布—展示—交易的集合式生态链。优化营商环境和政策支持力度，对符合首发经济评价标准的品牌新品，在设店落户、首发活动、宣传保障等方面给予支持。

其次，提升消费规模和消费贡献度，优化消费结构和消费服务意识。提高消费创新度和商业数字化转型速度。鼓励新业态模式发展，完善新型消费基础设施，提升品牌集聚度，集中全球优质消费企业品牌，培育具有全球影响力的本土品牌，创新国货潮牌，塑造"上海礼物"和"松江智造"。聚集新品发布和首秀首展活动，发挥上海首发经济、品牌经济、退免税经济的吸引力，增加高端消费供给，通过消费节事的举办提升上海和松江的国际影响力。挖掘松江的文化元素和文脉基因，推出"寻根之旅"文化旅游品牌和主题性旅游产品线路。通过提高消费服务质量和便利性，优化商业文化内涵和环境品质消费环境，提升消费者体验度和满意度。

最后，完善公共文化服务设施，建设人文松江活动中心。推动文旅场馆智能化升级，建设松江博物馆新馆和中国文物交流中心上海展览基地，培育在线文旅云上展览的新型业态，提升服务数字化水平。推进 A 级旅游景区创建提升，高质量推进上海科技影都建设，引进优质项目，打造影视摄制产业集群，建设全球影视创制中心的承载地和松江科创文创的产城深度融合。同时，搭建上海旅游产业博览会等旅游投资平台和旅游资源要素交易平台，建立国际化全周期旅游投资服务体系，形成开放式的旅游投资集聚地和亚太旅游投资交易中心。

第二节　体制机制改革助力度假区高质量发展

体制机制是影响佘山度假区高质量发展的关键性因素，也是高水平开发旅游资源、优化生产要素配置、实现经济、社会和生态价值的必要手段。当前正值贯彻落实"十四五"规划的关键时期，佘山度假区被中央和上海市赋予重要使命，探索国家旅游度假区的示范性治理模式和高质量发展路径。基于旅游度假区生命周期的不同阶段特征和需求进行体制机制改革，针对现存问题和现有任务有计划有步骤地推动度假区治理创新，是实现"十四五"规划目标的当务之急，也是松江区积极落实"五个新城"战略部署、突出引领示范功能的重要任务。

一、佘山度假区管委会的历史沿革

如前所述，佘山度假区自挂牌以来，经历了开发建设期和全域旅游发展期，目前正在加速进入能级提升期，与之相适应，佘山度假区的治理模式也经历了多轮调整，以配合度假区不同发展阶段的需求和功能。

1995 年 6 月，国务院同意设立上海佘山国家旅游度假区，并委托上海市政府直接管理度假区。1995 年 11 月，上海市人民政府成立佘山国家旅游度假区管理委员会，为代表市政府的佘山度假区日常管理机构，全额事业单位，有市政府授予的规划权、项目审批权和行政管理权，负责规划、管理和组织实施佘山度假区的建设工作，并负责协调和处理建设过程中与各有关部门的关系。管委会下设日常办事机构——上海佘山国家旅游度假区管理委员会办公室，办公室受市政府委托，行使佘山度假区范围内的规划实施和监督权、项目审批权和管理协调职能。1996 年 2 月 27 日，中共上海市委发出《关于确定上海佘山国家旅游度假区机构级别的批复》，同意佘山度假区管委会办公室级别定为相当副局级，行政关系暂挂市政府办公厅。1997 年 3 月，中共上海市委、市政府明确上海佘山国家旅游度假区管委会及办公室统一由市旅游委领导。2000 年 1 月，中共松江区委报经上海市旅游委同意，成立上海佘山国家旅游度假区松江管理委员会，作为松江区政府派出机构，行使佘山度假区管理职能。机构级别为正处级。撤销原管委会办公室辖下秘书处（研究室）、投资开发处、规划建设处、综合协调处。上海佘山国家旅游度假区松江管理委员会与上海佘山国家旅游度假区管理委员会办公室实行"两块牌子、一套班子"，共同负责佘山度假区范围内的规划、管理、建设等职能。

为配合佘山度假区发展的不同阶段和不同任务，度假区管委会曾进行过多轮调整。松江区旅游委一度与度假区管委会合署办公，后因机构调整，松江区旅游委调整至经委而撤出度假区管委会工作。为强化度假区建设推进工作，佘山镇一度被纳入管委会，采取管镇联动模式，至 2016 年，度假区范围内几乎没有大规模项目规划，同时因为社会管理成本过高，佘山镇从管委会中独立出来，佘山度假区的社会管理职能全部交付佘山镇进行统一管理。与此同时，佘山管委会的规划职能也交付给松江区规资局下属的度假区规划处。上述组织机构调整对于"十三五"期间以生态保育、品牌营销和全域旅游示范区创建为主要任务的佘山度假区而言，也不失为一种精兵简政、轻装上阵。2021年末，松江管委会接通知，上海佘山国家旅游度假区管理委员会办公室已撤销，目前佘山度假区仅保留松江管理委员会，主要职责是授权负责度假区范围的规划实施权、项目审批权和管理协调权，即在全市总体规划的指导下，负责规划、管理和组织实施度假区的建设工作，负责协调和处理建设过程中各有关部门的关系。内设4个处室，即综合处、规划建设处、旅游发展处、旅游管理处。

体制机制一直是佘山度假区创新发展过程中的关键领域，对佘山度假区的持续发展意义重大。自度假区设立以来，度假区的治理模式伴随着不同周期而进行多次调整，适时进行集权与分权，为度假区发展提供了强有力的体制机制保障。为把握"十四五"时期的新发展机遇，促进度假区新一轮的高质量发展，迫切需要在今后的发展中建立一套会商和对接的工作机制，在"有领域、无领地"的情况下，搭建多层次扁平化的沟通平台，既能"商量着办"，又能"有效率的办"，进一步强化度假区管委会与"三镇一街一区"之间的协同关系，更好发挥度假区管委会在推动整个佘山度假区发展中的协调作用。在"绿水青山"的发展理念指引下，充分发挥度假区管委会的平台优势和资源优势，在做好生态保育的基础上，深度挖掘以佘山森林公园为代表的绿色生态资源，打造"远看青山绿水，近看人文天地"的具有国际影响力的文旅品牌和休闲旅游度假地，培育"生态＋文创＋健康＋旅游"的复合型高端生活方式产业集群，创新产品服务和应用场景，丰富提升游客体验。

二、度假区管委会制度的浦东实践

　　自 1992 年以来，上海的旅游度假区发展先后经历了起步、培育、提质和起飞四个阶段。在此期间，上海佘山国家旅游度假区、上海国际旅游度假区、青浦淀山湖旅游度假区、崇明东平森林旅游度假区和金山滨海国家级旅游度假区等先后建立，"十四五"期间，上海将建成 6 个千万级流量旅游入口，3 个世界级旅游度假区。在上述度假区建设中，地处浦东的上海国际旅游度假区（以下简称"浦东度假区"）与佘山度假区遥相呼应，形成了"东有迪士尼、西有广富林"的"东西联动"大旅游格局。

　　浦东度假区规划面积 24.7 平方公里，是上海"城市东西向发展轴"和浦东"南北科技创新走廊"的交会带，也是上海建设世界著名旅游城市和浦东打造引领区的重要承载区域。度假区总体布局为"一核五片"。核心区是指以迪士尼项目为核心的 7 平方公里范围，规划建筑规模约 200 万立方米。其中，上海迪士尼乐园一期于 2016 年 6 月 16 日正式对外开放。核心区景点设施主要包括上海迪士尼乐园、迪士尼小镇、星愿公园，比斯特上海购物村、薰衣草公园、大通音乐谷等。发展功能区位于核心区周边，为东、西、北、南一和南二五个片区，占地 17.7 平方公里，规划建筑规模约 500 万立方米。2023 年 1 月 11 日，国家文化和旅游部确定上海国际旅游度假区为国家级旅游度假区。

　　为加强区域开发建设和管理服务，借鉴世界其他地区迪士尼度假区管理经验并结合本地实践，2010 年 6 月 24 日，市委市政府下发

《关于组建上海国际旅游度假区管理委员会的批复》，同意组建度假区管委会。11月5日，市政府举行度假区管委会和申迪集团揭牌仪式。2011年5月，为保障迪士尼项目和度假区顺利开发建设，市政府公布实施《上海国际旅游度假区管理办法》，后于2016年6月17日乐园开园时修订，执行至今。

管委会成立以来，根据《上海国际旅游度假区管理办法》赋予的职责，按照市、区部署要求，统筹推进党的建设、区域规划、开发建设、经济发展、行政审批、综合管理、公共服务、宣传推广、安全稳定等各方面的工作，推动度假区整体实现高品质运营，高质量发展。

管委会核定公务员编制数为54人，目前在编52人；其中核定内设机构领导职数15名，实有机构领导13名；一至四级调研员13名，实有二级调研员2名，三、四级调研员7名。内设机构5个〔办公室（组织人事处、政策法规处）、综合计划处、产业发展处（投资促进处）、规划建设和环保景观处、管理服务处（综合执法办公室）〕。全委平均年龄43.8岁，博士研究生3名，硕士研究生25名，本科生24名。

管委会下设度假区建设管理事务中心（6级事业单位，编制10人，目前在编7人），托管浦东新区城管度假区中队（参公单位，编制120人，在编118人）。

根据《管理办法》，浦东新区公安、市场、消防、文化执法、知识产权、卫检、疾控、急救、医疗站等各职能部门在度假区派驻机构总计派驻约200人。

浦东度假区5年累计接待游客超过8500万人次，共实现旅游收入超400亿元，成为本地居民休闲娱乐和外地游客来沪旅游的首选地，"体验经济"的示范区和国际文化交流展示的重要窗口。

表 7-1 上海国际旅游度假区和佘山国家旅游度假区各项指标情况

	上海国际旅游度假区	上海佘山国家旅游度假区
旅游度假区分级	国家级	国家级
管委会级别	正处级，由副市长任管委会主任	副局级，由副市长任管委会主任
制度保障	《上海国际旅游度假区管理办法》	无
定位	回归纯真、感受快乐，分享难忘经历	回归自然，休闲度假
规划面积/核心区域面积	24.7 平方公里/7.5 平方公里	64.08 平方公里/10.88 平方公里
核心项目	6 个重点项目： 上海迪士尼度假区、 比斯特上海购物村、 上海薰衣草公园、 MAXUS 大通音乐谷、 申迪文化中心、 横沔老街	4 个 4A 级景点： 佘山国家森林公园、 月湖雕塑公园、 上海欢乐谷、 辰山植物园 多个旅游景点景区： 佘山天主教堂、 佘山国际高尔夫俱乐部、 天马高尔夫乡村俱乐部、 天马赛车场等
2021 年接待游客	1682 万人次	1237.1 万人次
2021 年营业收入	106.75 亿元	16.3 亿元
近五年营业收入	490 亿元	70 亿元
近五年税收	26 亿元	4.5 亿元
编制人员	公务员编制 54 人，事业单位编制 10 人，参公单位编制 120 人	公务员编制 8 人，事业单位编制 20 人
资产负债情况	资产总额 10781.85 万元，负债总额 6644.5 万元，净资产 4137.35 万元	资产总额 108.06 万元，负债总额 20.02 万元，净资产总额 88.04 万元
财政投入情况	市级财政总计投入 800 多亿元	区级财政全额保障每年 1000 万元

从以上数据可以看出，佘山度假区无论在游客人数还是营业收入上，与浦东度假区都存在着一定差距，尤其是客单价和营业利润率等方面。形成上述发展格局的原因有很多方面，其中，管理体制机制和资源调配能力的差异是不可忽视的方面。

三、世界级度假区的体制机制改革方略

从全国经验来看，度假区管委会模式是必要的，也是有效的，通过政府派出方式纵向委托授权方式，以及横向宽职能、少机构的矩阵组织结构，能够建构起结构精简的管理体系。可是一旦出现关键岗位设置不合理，上下级管理机构之间不在"一条线"上，平行管理机构之间缺少协调沟通，将会导致管理衔接上头绪繁杂，许多信息无法及时正确地传递，难以形成"统一管理"的合力，从而在一定程度上造成了管理滞后、效率低下等现象。

从治理架构来看，度假区与经济开发区的开发与管理体制非常类似，都是由管委会作为政府派出机构对特定功能区进行开发和管理，行使土地规划、项目审批、招商引资、建设管理、协调服务等职能；管委会下属的开发公司作为融资平台和开发建设主体，为园区发展提供资金保障和基础设施施工支持，形成"管委会＋开发公司"的管理体制。在实际运作中，管委会往往会由于园区职能日渐丰富而向完整的一级政府演化，有时也会得到税收分成的权利。

经过调研发现，当前佘山管委会的职能不仅没有扩展，反而在萎缩：在规划方面，目前核心区10.88平方公里的规划由松江区规资局统一制定，征询度假区意见，其他区域以地方为主，不征求度假区意

见，处于失控状态；在管理方面，度假区内社会管理职能均由佘山镇承担，相关职能部门如公安城管均不归度假区调度，目前只能协调；在对企服务方面，缺乏资源和政策保障，具体工作很难落实；在开发层面，缺乏专门的企业平台，度假区联合发展总公司已并入松江新城公司；在项目招商方面，度假区核心区的项目确定后，需要与所在街镇对接协调后，方可落地，而各街镇也有独立的招商和规划部门。

针对上述问题，提出如下改善建议：

（一）强化市级沟通协调机制

浦东开发三十多年来，有一条极为重要的经验总结：那就是建立和强化开发区管委会与市级管理部门的定期沟通工作，将开发工作全面纳入全市管理大循环，通过建立"定期会议机制"，形成与市委市政府、相关委办局和区委区政府的联动工作机制，共商地区发展大事。当前，临港新片区在总结浦东经验基础上，在管委会组织架构方面也探索了新模式：管委会主任由上海市委常委、浦东新区区委书记担任，设置专职副主任负责日常工作，由临港集团党委书记／董事长任党工委副书记负责金融外贸等工作，由南汇新城镇党委书记担任管委会专职副主任，上述架构将市级、区级和街镇的三级领导以及开发公司领导全部纳入管理团队，各司其职，定期沟通，形成了临港地区的规划、开发和管理过程深度嵌入到上海市和浦东新区发展的总体格局。

参照上述经验，建议佘山管委会建立三级共管（市级—区级—街镇）的组织架构，进一步强化市级沟通协调机制。具体建议如下：（1）市领导挂帅，由上海市分管副市长任佘山度假区管委会主任；

（2）市局与区政府深度参与，由市文旅局局长和松江区区长任佘山管委会常务副主任，由分管副区长任度假区管委会执行副主任兼秘书处主任，负责管委会办公室日常工作；（3）强化管委会议事机制，定期传达市级精神，协商沟通，凝聚共识，聚焦重点工作领域，高效推进；（4）佘山镇全面支持参与管委会日常工作，管委会办公室下设经济发展和社会管理等主要职能岗位，由秘书处专职副主任负责规划开发、招商引资等经济工作，由佘山镇书记担任秘书处副书记，负责度假区核心区的社会管理工作。

上述建议可总结为：由市领导挂帅的市级协调机制、由市局和区政府协同合作的保障机制和度假区管委会办公室与街镇全面联动的管理体制。这一组织架构不仅可以使佘山管委会的工作交接能够上下传递，具体任务得到落实，还能在各级部门间实现信息平行传递，具有纵向到底、横向到边的治理特征，降低了部门间沟通成本，有效地保障了政策的落实执行，确保"十四五"规划目标和关键任务如期完成。

（二）落实区级"管镇联动"管理体制

"管镇联动"是张江在全国率先启动的社会治理改革试点：让开发区管委会一门心思负责经济工作，把社会管理的职能划归镇党委和政府。张江经验在金桥开发区和临港新片区都得到推广普及，取得很好的效果。"管镇联动"后，张江镇全面退出招商引资职能，向公共服务、公共管理、公共安全等社会治理和保障改善民生方面转移。随着原本由镇承担的十项经济管理职能划转至张江开发区管委会，开发区管委会承担的十项社会管理职能划转至张江镇，镇内的机关、事业单位的机构职能和资源配置也同步发生了改变：取消经济发展办公室，新设城镇运行管理办公室，其余则调整为党政办公室、社区党建办公室、社区服务办公室、社区平安办公室、社区自治办公室、村镇建设管理和环境保护办公室。机构调整之后，打破了以往各职能部门单兵作战、各自为战的局面，新设的城镇运行管理办公室开始主动担当起牵头的作用，城管、公安、消防等部门分工清晰又能保持联动，逐步形成集问题发现、受理、指挥、处置、监督、评价于一体的张江城市综合管理平台，实现整个张江区域的全覆盖。

参照上述经验，建议佘山度假区管委会调整为"管镇联动"管理体制，按照区域划分出由强至弱的联动模式。在 10.88 平方公里的核心区内，实行"强联动"模式：佘山镇全面参与度假区管委会日常工作，建议由佘山镇书记担任度假区管委会秘书处副书记一职，佘山镇的经济管理职能划转至度假区管委会，由管委会专职副主任负责相关工作，度假区内的社会管理职能划转至佘山镇，设置并突出城镇运行管理办公室的综合管理功能。在 64.08 平方公里的规划控制区域内，实行"弱联动"模式：该范围涉及街镇较多，覆盖松江区"三镇一街一区"部分区域，从操作层面上实现"强联动"模式的可行性和必要性都不充足，但该范围属于度假区规划控制区域，在经济发展方面，应该符合度假区的统一规划要求，所谓的"弱联动"模式，指的是管委会与街镇之间不进行机构调整，街镇仍保留原有的经济管理职能，通过管委会与所辖街镇的常设协调机制来保持沟通开展工作，街镇相关规划和开发工作需要经由度假区管委会审核后方能通过。在度假区之外的范围，管委会应积极参与相关街镇的文旅发展工作，主动推广普及度假区发展的先进经验，践行度假区反哺新城建设的发展理念。

（三）构建具有资源整合能力的开发公司

顺应市场经济体制，成立市场化运作的区属国资公司，用以实现度假区内的产业引导、融资平台和开发建设。为构建开发公司对度假区的资源整合能力，建议对区国资委下属的新城公司进行改造，剥离原有债务，轻装上阵，并在其下设立开发公司和相关产业公司，以及成立合资公司。具体建议如下：新城公司负责产业引导，并通过下属公司参与项目的投资、运营和建设；下属的开发公司负责度假区内的基础性开发、二级市政建设和项目建设；其他相关产业公司负责度假区内旅游相关产业的管理和投资经营；合资公司通过吸引外资共同进行度假区的开发建设。

上述建议可归纳为：构建以管委会和开发公司分工协作优势互补的治理模式。管委会是反映政府意志、在度假区内行使政府管理职能的事业单位，工作人员纳入公务员和事业编制，而开发公司是实行市场化运作的主体，除核心人员外均为企业编制。管委会负责掌控度假区的总体发展方向、政策和规划，进行行政审批、招商引资、公共管理和服务协调；开发公司提供融资平台和具体开发建设。为保证管委会对开发公司的有效管理，建议由管委会执行副主任兼任开发公司的董事长。

在"十四五"时期文旅高质量发展规划指引下，佘山度假区应与文旅、商务、体育等部门以及浦东度假区、崇明世界级生态岛、临港新片区等区域紧密联动，共同放大城市文化品牌效应。依托 G60 科创走廊，放眼长三角，进一步拓展客源市场，努力构建长三角一体化江南会客厅，助推长三角文旅高质量发展，积极探索新时代世界级旅游度假区的发展路径与经验推广，为经济双循环和美好生活建设贡献出"佘山智慧"。

参考文献

1. Ahn, Jiseon, and Ki-Joon Back, "Integrated resort: A review of research and directions for future study," *International Journal of Hospitality Management*. Vol.69, 2018.

2. Alan A. Lew, C. Michael Hall, Dallen J. Timothy. Wbrid, *Geography of Travel and Tourism: A Regional Approach*, Oxford: Butterworth-Heinemann, 2008.

3. Andriotis, Konstantinos, "Hosts, guests and politics: Coastal resorts morphological change," *Annals of Tourism Research*, Vol.33, 2006.

4. Eric T., Brey Alastair M. Morrison and Juline E. Mills, "An examination of destination resort research," *Current Issues in Tourism*, Vol.10, 2007.

5. Benjamin Cowburn, Charlotte Moritz, Chico Birrell, Gabriel Grimsditch and Ameer Abdulla, "Can luxury and environmental sustainability co-exist? Assessing the environmental impact of resort tourism on coral reefs in the Maldives," *Ocean and Coastal Management*, 2018.

6. E. Bevilacqua and E. Casti, "The structure and impact of international tourism in the Veneto region, Italy," *GeoJournal*, Vol.19,

1989.

7. Sven Bode, Jobst Hapke and Stefan Zisler, "Need and options for a regenerative energy supply in holiday facilities," *Tourism Management*, Vol.24, 2003.

8. Eric T. Brey, "Developing a better understanding of resort management: An inquiry into industry practices," *Journal of Hospitality Marketing & Management*, Vol.20, 2010.

9. Bruce Prideaux, "The resort development spectrum—a new approach to resort development," *Tourism Management*, Vol.21, 2000.

10. Sam Cole, "Beyond the resort life cycle: The micro-dynamics of destination tourism," *Journal of Regional Analysis & Policy*, Vol.37, 2007.

11. Dwyer L., Teal G., and Kemp S., "Organisational culture & strategic management in a resort hotel," *Asia Pacific Journal of Tourism Research*, Vol.3, 1998.

12. Font Xavier, "Environmental certification in tourism and hospitality: progress, process and prospects," *Tourism management*, Vol.23, 2002.

13. Foster, Danny M. and Murphy, Peter, "Resort cycle revisited: the retirement connection," *Annals of tourism research*, Vol.18, 1991.

14. Bo Wendy Gao, Ivan Ka Wai Lai, "The effects of transaction-specific satisfactions and in-tegrated satisfaction on customer loyalty," *International Journal of Hospitality Management*, Vol.44, 2015.

15. Jan T. Mosedale, "Coastal Mass Tourism: Diversification and

Sustainable Development in Southern Europe," *Annals of Tourism Research*, Vol.32, 2004.

16. Kye-Sung Chon and Amrik Sing H., "Marketing resorts to 2000: review of trends in the USA," *Tourism Management*, Vol.16, 1995.

17. Deborah Kerstetter and Mi-Hea Cho, "Prior knowledge, credibility and information search," *Annals of Tourism research*, Vol.31, 2004.

18. Lei SS I, Pratt S. and Wang D., "Factors influencing customer engagement with branded content in the social network sites of integrated resorts," *Asia Pacific Journal of Tourism Research*, Vol.22, 2017.

19. Lo, Wu, "Effect of consumption emotion on hotel and resort spa experience," *Journal of travel & tourism marketing*, Vol.31, 2014.

20. Papatheodorou Andreas, "Exploring the evolution of tourism resorts," *Annals of tourism research*, Vol.31, 2004.

21. Pavlovich, Kathryn, "A rhizomic approach to tourism destination evolution and transformation," *Tourism Management*, Vol.41, 2014.

22. Pavlovich, Kathryn, "The evolution and transformation of a tourism destination network: the Waitomo Caves, New Zealand," *Tourism Management*, Vol.24, 2003.

23. Cinta, Sanz-Ibáñez and Salvador Anton Clavé, "The evolution of destinations: Towards an evolutionary and relational economic

geography approach，" *Tourism Geographies*, Vol.16, 2014.

24. Tang C.M.F., Lam D., "The role of extraversion and agreeableness traits on Gen Y's attitudes and willingness to pay for green hotels," *International Journal of Contemporary Hospitality Management*, Vol.29, 2017.

25. Walton, John K., *The British seaside: Holidays and resorts in the twentieth century*, Manchester University Press, 2000.

26. Wang De-gen, Niu Yu, Qian Jia, "Evolution and optimization of China's urban tourism spatial structure: A high speed rail perspective," *Tourism Management*, Vol.64, 2018.

27. Wilson, Suzanne, "Factors for success in rural tourism development," *Journal of Travel research*, Vol.40, 2001.

28. Yang J.T., "Knowledge sharing: Investigating appropriate leadership roles and collaborative culture," *Tourism management*, Vol.28, 2007.

29.［美］爱德华·因斯克普、［英］马克·科伦伯格：《旅游度假区的综合开发模式》，中国旅游出版社 1993 年版。

30. 卞显红：《城市旅游空间结构形成机制分析》，南京师范大学博士学位论文 2007 年。

31. 卞显红、张树夫、王苏洁：《旅游发展中居民态度与社区问题研究——以江苏省无锡市（马山）太湖国家旅游度假区为例》，《人文地理》2005 年第 4 期。

32. 陈钢华：《旅游度假区的可持续发展——治理能力视角的思考》，《旅游学刊》2014 年第 3 期。

33. 程海峰、胡文海:《池州市 A 级旅游景区空间结构》,《地理科学》2014 年第 10 期。

34. 程晓丽、黄国萍:《安徽省旅游空间结构演变及优化》,《人文地理》2012 年第 6 期。

35. 高峻:《上海旅游资源图志》, 上海科学普及出版社 2014 年版。

36. 景政彬:《大数据让度假区插上智慧的翅膀》,《旅游学刊》2017 年第 10 期。

37. 李鹏、虞虎、王英杰:《中国 3A 级以上旅游景区空间集聚特征研究》,《地理科学》2018 年第 11 期。

38. 李莉、侯国林、夏四友、黄震方:《成都市休闲旅游资源空间分布特征及影响因素》,《自然资源学报》2020 年第 3 期。

39. 刘爱利、刘家明、刘敏:《国内外旅游度假区孤岛效应研究进展》,《地理科学进展》2007 年第 6 期。

40. 刘家明:《旅游度假区的景观生态设计思路》,《人文地理》2004 年第 1 期。

41. 刘俊、保继刚:《综合型度假区形态规划研究》,《热带地理》2007 年第 4 期。

42. 龙志勇:《城市旅游度假区规划设计探索——以广州大夫山旅游度假区为例》,《规划师》2006 年第 S1 期。

43. 路云霞、吴长年:《旅游度假区可持续发展所面临的问题及对策探讨——以苏州太湖国家旅游度假区为例》,《环境保护》2007 年第 12 期。

44. 陆大道:《区位论与区域研究方法》, 科学出版社 1988 年版。

45. 陆林、天娜、虞虎、朱冬芳、汪莹:《安徽太平湖旅游地演化过程及机制》,《自然资源学报》2015 年第 4 期。

46. 陆相林、马凌波、孙中伟、谢爱良:《基于能级提升的京津冀城市群旅游空间结构优化》,《地域研究与开发》2018 年第 4 期。

47. 王莹、骆文斌:《对我国旅游度假区建设与发展的再思考——以浙江省旅游度假区为例》,《地域研究与开发》2002 年第 4 期。

48. 王兆峰、史伟杰、苏昌贵:《中国康养旅游地空间分布格局及其影响因素》,《经济地理》2020 年第 11 期。

49. 魏敏:《我国滨海旅游度假区的开发及保护研究》,《中国社会科学院研究生院学报》2010 年第 3 期。

50. 吴挺可:《西南地区乡村旅游度假区旅游地产化倾向规划控制对策研究》,重庆大学 2015 年版。

51. 尹贻梅、陆玉麒、邓祖涛:《国内旅游空间结构研究述评》,《旅游科学》2014 年第 4 期。

52. 张勇、于敬、孟娇蓉:《湖山型旅游度假区控制性详细规划编制研究》,《城市规划》2010 年 B10 期。

53. 张树民、邬东璠:《中国旅游度假区发展现状与趋势探讨》,《中国人口·资源与环境》2013 年第 1 期。

54. 周建明:《旅游度假区的发展趋势与规划特点》,《国外城市规划》2013 年第 1 期。

55. 周礼、蒋金亮:《长三角城市旅游竞争力综合评价及其空间分异》,《经济地理》2015 年第 1 期。

56. 朱付彪、陆林、於冉、鲍捷:《都市圈旅游空间结构演变研究——以长三角都市圈为例》,《地理科学》2012 年第 5 期。

57. 左冰、陈威博:《旅游度假区开发对拆迁村民生计状况影响——以珠海长隆国际海洋度假区为例》,《热带地理》2016 年第 5 期。

后　记

　　党的十八大以来，智库建设被提升到国家战略高度。高校智库是实现学科交叉融合、培育重大重点项目的重要平台，也是高校服务国家治理体系建设和社会经济发展的具体体现。复旦发展研究院成立于1993年，是改革开放以来国内最早成立的高校智库之一，也是"中国十大影响力智库"之一，"首批上海市重点智库"，所在基层党组织获得"上海市先进基层党组织"等光荣称号。研究院聚焦"中国发展研究"，是一家以"学科深度融合"为动力、以"统筹管理孵化"为延伸、以"高端学术运营"为特征的跨学科、综合性、国际化研究机构，同时也是全校智库的统筹管理机构。2021年，在松江区政府积极联络对接中，研究院与上海佘山国家旅游度假区松江管理委员会达成共识，合作建设"佘山国家旅游度假区复旦智库"，围绕度假区高质量发展，聚焦度假区历史和现状，发挥复旦大学综合学科优势，汇聚专家资源，基于度假区管委会的决策需求，围绕度假区发展的重大问题开展调研，采用大数据等手段，提炼"长板"，发现"短板"，为佘山旅游度假区提出对策建议。

　　1992年8月，《国务院关于试办国家旅游度假区有关问题的通知》中首次提出国家旅游度假区的概念，明确国家旅游度假区为"符合国际度假旅游要求，以接待海外旅游者为主的综合性旅游区"。1995年6月，《国务院关于同意上海改在佘山建立国家旅游度假区的批复》中同意上海不再设立横沙岛国家旅游度假区，易地在佘山建设国家旅游度假区。至此，第一批国家旅游度假区的名称和地点正式确立，共计 12 家。2023 年 2 月 1 日，国家市场监督管理总局、国家标准化管理委员会发布的新版国家标准《旅游度假区等级划分》（GB/T 26358-2022）正式实施。新国标将旅游度假区界定为："以提供住宿、餐饮、购物、康养、休闲、娱乐等度假旅游服务为主要功能，有明确空间边界和独立管理运营机构的集聚区。"除了在定义上对旅游度假区的功能、空间和管理进一步明确之外，此次修订还反映出自 1992 年起的三十多年间我国旅游度假区实践经验的积累和转变，主要体现在建设目的、审批流程、开发模式、目标市场、重点工作、度假环境等方面。

"十四五"期间，我国将全面进入大众旅游时代，人民群众休闲度假旅游需求不断增加，对品质的要求日益提高，旅游业从注重观光向兼顾观光与休闲度假转变。与此同时，过去三年为国内旅游度假区带来了重大的结构性机遇，原先出境旅游市场的消费者纷纷在国内寻求替代性产品，诸如原先热衷于前往东南亚度假的游客转向了海南、广西、云南等气候宜人的国内旅游目的地。而在跨省游被迫停滞的时期，又催生了城市居民对城郊旅游的巨大热情，"周边游""休闲游""微度假"等旅游需求快速增长，由此极大推动了环城市度假酒店、民宿、露营地、房车营地等的建设，在亲子游客、年轻情侣、企业团建、高端会议等不同客群旺盛的休闲度假需求下，呈现出欣欣向荣的景象。

本书是"佘山国家旅游度假区复旦智库"的调研成果，研究过程中获得"数字文化保护与旅游数据智能计算"文化和旅游部重点实验室、"商务部消费大数据实验室"的技术支持，获得上海市重点智库课题、复旦大学人文社科先锋计划、复旦大学咨政研究支持计划的经费支持，在此对上海市哲学社会科学规划办公室、复旦大学文科科研处、复旦发展研究院和各实验室一并表示感谢。本书的调研写作时间为一年，期间遇到不可抗力造成的困难，书中的观点和论断难免有疏漏和值得商榷之处，我们真诚欢迎各界专家不吝指正。需要指出，本书中的对策建议都是研究中得出的，并不代表政府决策和政策宣示。并且，由于研究工作的时滞和度假区建设的突飞猛进，一些观点和论断较之最新政策表述会有差异，也请读者理解。

　　本书所有章节中，第一、二章主要由孙云龙、胡安安执笔，第三、四章主要由吴本、郭旸执笔，第五章主要由胡安安执笔，第六、七章主要由孙云龙、郭旸执笔。复旦大学旅游学系杨云康、王倩、王子卓、陈洁、梁晓梅、王诗涵、吴冰冰、张轩语、陶佳娜、姜文、燕无忧、向怡、胡喻茜、蒋叶心等同学也承担了本书个别章节相关内容的写作工作。复旦大学发展研究院张怡、黄昊、张伊娜、于杨、张园、黄晨、吴涛等同志也对本书报告和相关调研做出过重要贡献。衷心感谢上海佘山国家旅游度假区管委会平益斌常务副主任和仓醒宇、周燕等同志的鼎力支持，保障了报告调研过程的顺利开展。特别需要感谢的是松江区副区长顾洁燕同志的信任和鼓励，多次关心报告研究的进展情况，听取汇报并提出修改建议。本书最终能面世，离不开上海市哲学社会科学规划办公室对上海智库发展的坚定扶持，也离不开上海人民出版社敬业的编校工作，我们心存感激。

　　旅游是人民群众对美好生活的追求，是文化交流、文明对话的桥梁，更是实现个人全面发展的必由之路。我国自古以来就有"读万卷书、行万里路"的说法，旅游与文化教育的关系极为密切，伴随着社会经济全面发展，旅游对政治、文化、社会、经济、环境的全面影响正在日益彰显，相关研究也正在全方位开花结果。从这个意义来看，本书仅是一个阶段性的思考和总结，"路漫漫，其修远"，我们将在文旅深度融合发展的道路上开拓探索，勠力前行，锐意进取，不负时代！

孙云龙

2023 年 9 月

于复旦大学光华楼

图书在版编目(CIP)数据

打造江南会客厅:佘山国家旅游度假区文旅融合创
新实践/孙云龙等著.—上海:上海人民出版社,
2023
(上海智库报告)
ISBN 978 - 7 - 208 - 18480 - 0

Ⅰ.①打… Ⅱ.①孙… Ⅲ.①地方旅游业-旅游业发
展-研究-上海 Ⅳ.①F592.751

中国国家版本馆 CIP 数据核字(2023)第 152069 号

责任编辑 王 吟
封面设计 懂书文化

上海智库报告

打造江南会客厅
——佘山国家旅游度假区文旅融合创新实践
孙云龙 吴 本 郭 旸 胡安安 著

出 版	上海人&出版社
	(201101 上海市闵行区号景路 159 弄 C 座)
发 行	上海人民出版社发行中心
印 刷	上海新华印刷有限公司
开 本	787×1092 1/16
印 张	14.25
插 页	2
字 数	161,000
版 次	2023 年 9 月第 1 版
印 次	2023 年 9 月第 1 次印刷
	ISBN 978 - 7 - 208 - 18480 - 0/F·2832
定 价	65.00 元